低空技术与工程专业系列教材

INTRODUCTION
TO LOW ALTITUDE TECHNOLOGY AND ENGINEERING

# 低空技术与工程导论

贺跃光　徐　鹏　主　编

张云菲　贺智彬　副主编

人民交通出版社

北　京

# 内 容 提 要

本书紧扣国家低空经济战略,以"理论奠基-技术解析-产业透视-治理创新-人才培育"为主线构建知识体系,具体内容如下:第1章阐释低空经济战略价值、技术特征及人才需求;第2章解析飞行器设计、空域管理、气象监测、通信导航等相关技术;第3章分析低空设施网、空联网、航路网、服务网四维架构的基本内容;第4章介绍制造链、飞行链、保障链、服务链"四链融合"的基本知识;第5章通过典型案例展现低空经济应用场景;第6章融入政策法规、工程伦理与金融工具等内容,分析低空经济领域治理机制;第7章剖析低空经济发展瓶颈及人才培养路径。

全书突破学科边界,融合航空、信息、管理等多学科基本知识,适用于高等院校复合应用型低空技术类专业或微专业基础教材。

## 图书在版编目(CIP)数据

低空技术与工程导论 / 贺跃光,徐鹏主编. — 北京 :
人民交通出版社股份有限公司, 2025.8. — ISBN 978-7-
114-20549-1

Ⅰ. V323

中国国家版本馆 CIP 数据核字第 2025BQ7986 号

Dikong Jishu yu Gongcheng Daolun

书　　名:低空技术与工程导论
著 作 者:贺跃光　徐 鹏
责任编辑:李　娜
责任校对:赵媛媛　魏佳宁
责任印制:张　凯
出版发行:人民交通出版社
地　　址:(100011)北京市朝阳区安定门外外馆斜街 3 号
网　　址:http://www.ccpcl.com.cn
销售电话:(010)85285857
总 经 销:人民交通出版社发行部
经　　销:各地新华书店
印　　刷:北京博海升彩色印刷有限公司
开　　本:787×1092　1/16
印　　张:7.5
字　　数:141 千
版　　次:2025 年 8 月　第 1 版
印　　次:2025 年 8 月　第 1 次印刷
书　　号:ISBN 978-7-114-20549-1
定　　价:56.00 元

(有印刷、装订质量问题的图书,由本社负责调换)

# PREFACE 前言

当今世界正经历百年未有之大变局,新一轮科技革命与产业变革的浪潮席卷全球。在数字化、智能化、绿色化深度融合的时代背景下,"低空经济"作为战略性新兴产业,正在重塑人类社会的生产生活方式。低空领域不仅是传统航空技术的延伸,更是智能社会构建的重要维度,其发展水平已成为衡量国家科技创新能力和现代产业体系竞争力的关键指标之一。作为面向低空技术类专业或微专业本科生的入门教材,本书旨在构建知识框架、培育专业认知、启发创新思维,为青年学子开启智能空天时代的大门。

本教材立足于国家低空经济发展战略需求,紧扣教育部新工科建设要求,遵循"厚基础、强交叉、重实践"育人理念。全书7章内容融合航空、信息、管理、人文社科等多学科知识体系,通过"理论奠基-技术解析-产业透视-治理创新-人才培育"的架构,呈现低空技术领域的知识体系。内容设计注重基础理论介绍,强调前沿技术的工程化表达;关注技术创新内在逻辑,重视社会系统协同演进,体现对新兴领域人才培养模式的积极探索。第1章作为认知起点,通过解析低空经济,揭示其作为新质生产力核心载体的战略价值,引导学生建立"技术-经济-社会"协同发展的系统思维;第2章从航空史观切入,将飞行器演进、空域管理、气象监测、通信导航等知识融入现代低空场景,构建技术认知坐标;第3~5章构成专业认知的核心模块,从基础设施体系解构、产业链生态分析、应用场景创新三个相互支撑的维度展开,呈现物理空间航路网络的构建过程,同时阐释数字孪生技术等前沿科技的深度融合路径,并通过典型案例展现低空技术的多行业赋能图景;第6章突破技术局限,将工程伦理、政策法规、金融保险等社会治理要素纳入技术体系构建框架,旨在引导学生树立在技术创新中坚守人文关怀、在工程实践中恪守责任边界的职业素养;第7章聚焦低空经济发展瓶颈及对策,解析"产教融合"复合型人才支撑机制。全书配套设计实践案例与习题,旨在巩固知识、提升认知能力,并为学生进行专业学习规划与发展提供指引。

本教材编写特色体现在:其一,构建"空天地海"一体化知识体系,将低空技术置于智慧城市、数字乡村、立体交通等国家重大战略场景;其二,提出"技术-设施-产业-

治理"四维框架,突破学科壁垒,提倡多领域知识融合;其三,采用"理论模块 + 场景案例 + 思政元素"立体化教学设计,设置"技术前沿""行业洞察""伦理思考"等特色内容,增强可读性。

当前,全球低空经济正以年均 25% 的增速蓬勃发展,我国已建成全球最大的无人机配送网络和工业级无人机产业集群。这个充满机遇的领域,呼唤兼具工程素养与人文情怀、精通专业技术又具备系统思维的复合型人才。本书在编写过程中注重对接国家低空经济发展规划、行业企业真实需求及学生认知规律。作为低空类微专业或低空类专业入门教材,希望本教材能成为同学们探索低空世界的指南。期待同学们以创新者的勇气和建设者的担当,在低空经济这片充满无限可能的疆域中,书写属于新一代工程师的传奇。

本书由贺跃光、徐鹏主编,张云菲、贺智彬副主编。其中贺跃光负责第 1~4 章,徐鹏负责第 5~7 章,张云菲、贺智彬完成了本书部分案例和习题的搜集整理工作,全书由贺跃光统稿。

长沙理工大学的交通运输、测绘遥感、能源动力学科特色与低空经济具有天然的契合性,本书是应学校低空类专业和微专业建设之需,在 2025 年湖南省普通本科高校教学改革研究重点项目"凝炼长理特色的低空产业本科人才培养模式探讨"支持下完成的。鉴于低空经济领域技术迭代迅猛、政策动态性强,加之编写团队水平所限,书中部分内容可能存在表述疏漏或前瞻性不足的问题,恳请广大师生斧正,以便后续修订完善。

编　者
2025 年 5 月

# CONTENTS 目录

# 第1章 绪论

低空领域正成为21世纪人类探索与融合三维空间征程中最具活力的创新前沿。从亚马逊的Prime Air无人机投递服务到深圳大疆的农业植保机,从亿航智能的载人飞行器到顺丰的支线物流网络,一场空域革命正在重塑我们的生产生活方式。

## 1.1 低空经济的特征及产业趋势

低空经济主要聚焦在低空空域内进行的各类飞行活动,依托先进的航空、通信和人工智能等技术,以无人机和电动垂直起降飞行器(electric Vertical Take-off and Landing, eVTOL)等为载体,推动多个产业领域的变革和发展。国家已明确提出发展通用航空和低空经济的目标,未来低空经济将形成万亿级市场规模。

### 1.1.1 低空经济的核心特征

人类对空间的利用经历了从陆地到海洋,再到大气空域的拓展,21世纪的低空开发标志着又一次空间革命。

长期以来,受历史和科技发展局限,低空空域处于未开发状态。无人机、通信、卫星导航、遥感监测等技术的发展,为低空空域开发利用提供了技术支撑;与此同时,以《关于深化我国低空空域管理改革的意见》(2010)、《中华人民共和国空域管理条例(征求意见稿)》(2023)、《国家空域基础分类标准方法》(2023)为代表的一系列低空空域管理改革关键性文件发布,推动了低空空域开放。2021年,中共中央、国务院印发的《国家综合立体交通网规划纲要》首次提及低空经济。随后,中央经济工作会议明确将低空经济确定为国家战略性新兴产业(2023),并写入政府工作报告(2024),从此上升为国家战略。低空经济已成为新质生产力的典型代表,并具有创新驱动强、产业链条长、应用场景广、参与主体多、地理环境依赖大、安全要求高等特征。

因此,低空经济并非简单的"飞行器+传统产业",而是在距地面1000m以下空域,融合先进制造、智能交通、数字治理的复合系统。其核心特征是:①物理层面,重构了城市空间利用模式,将原本闲置的垂直空间转化为生产要素;②技术层面,推动动力系统从化石燃料向电能、氢能跃迁,导航方式从目视飞行向量子定位等先进技术进化;③经济层面,催生出"分钟级响应"即时服务体系,使物流时效从小时级压缩至分钟级。

与传统航空业相比,低空经济的颠覆性创新在于运行模式的根本转变。以深圳美团无人机配送体系为例,其日均飞行架次突破 5000 次,单架无人机投递成本降至 3 元左右,这种规模化、高频次、低成本的运营,得益于数字孪生空域管理、动态路径规划等关键技术突破。统计显示,2024 年我国低空经济规模已达 4500 亿元,其中无人机相关服务占比超过 60%,预计到 2035 年将形成万亿级市场。

### 1.1.2 低空经济的爆发潜力与使命

低空经济主要包括低空科技创新、低空基础设施、低空制造、低空飞行活动及各类场景应用和运营保障服务等。其中,低空科技创新是低空经济发展的动力源泉;以旋翼无人机、eVTOL 为代表的航空器制造为低空经济发展提供飞行载具;起降点、低空公共航路和通信导航等低空基础设施的建设与完善,是低空经济规模化发展的基础支撑;低空飞行活动及为生产生活服务的各类场景应用是低空经济发展的重要出口;有效降低飞行成本,并保障安全性则是低空飞行活动商业化发展的关键。

2024 年是低空经济"元年",2025 年成为低空经济爆发的起点,未来低空经济可能和现在的汽车工业一样,成为下一个 10 万亿产值级产业。低空域的开发利用,就像人类曾经穿越海洋发现新大陆一样,将重塑全球社会经济格局,深刻变革人们的生产生活方式。"低空经济是赋能千行百业的综合经济形态,它不仅仅是飞行器的事儿,从飞行器研发、生产、售后,到飞手、飞行员培训,再到保险、运营等各个环节,构成了一个庞大的生态系统"。就像 20 年前互联网重塑各行各业一样,如今低空经济也在凭借无人机等技术,为农业、电力、矿产、交通运输等行业带来新面貌。无人机凭借低成本、高效率的优势,让很多原本需要大量人力参与的工作,变得更高效、便捷,进而催生出全新的业态。

全球主要经济体已将低空领域视为战略必争之地。低空经济的蓬勃发展催生了多元化应用场景,具体表现为美国联邦航空管理局(Federal Aviation Administration,FAA)发布的《先进空中交通(AAM)总体规划》提出,到 2030 年实现城市空中交通(Urban Air Mobility,UAM)的规模化运营;欧盟通过"U-space"计划构建数字化的低空交通管理框架;日本则着力发展山地无人机物流网络等,以应对老龄化社会的配送需求。在这场空天竞赛中,我国低空经济的特色发展路径是依托 5G 基站建设通感一体化设施,利用现有交通枢纽改造并构建起降点网络,如在深圳、长沙等试点城市可望形成"15 分钟响应圈"的运营能力。

从国家战略看,低空经济承载三重使命:其一,新基建的重要载体。深圳升级 5G-A 基站超 2.3 万个,全市已实现 120m 以下空域 5G 网络连续覆盖。其二,推动制造业向服务化转型。如湖南山河智能的工程机械巡检无人机,将设备维护效率提升 40%。其三,重塑应急救援体系。如四川凉山州的消防无人机集群,针对悬崖火等特殊火情,采用重型无人机吊载高压水带建立供水线,这在森林火灾防控中具有革命性意义。

### 1.1.3 低空经济技术革命与产业链重塑

回望航空发展史,1903 年莱特兄弟的"飞行者一号"首次实现可控动力飞行,开启了人类航空史的新纪元。

(1)当今低空技术革命正沿三条主线发展:能源系统的电动化革命,使 eVTOL 的噪声降至 65dB 以下,仅为传统直升机的 1/3;控制系统的智能化跃迁,无人机已具备自主避障、协同作业能力,如大疆的 Matrice 300 RTK;基础设施的数字化改造,如长沙建设的低空智能融合系统,可同时调度约 500 架次飞行器安全运行。

(2)技术突破聚焦于飞行器革命、空域智联网和能源网络等三大关键领域。①动力系统方面,宁德时代研发的凝聚态电池能量密度达到 500Wh/kg,可支持飞行器达成 300km 航程;②导航定位领域,北斗三号与 5G 融合,定位精度可达厘米级;③空管系统层面,中国电子科技集团开发的"天穹"系统,实现了万架级无人机的协同管控。技术进步推动着应用场景的持续拓展,从电力巡线到医疗急救,从精准农业到文旅观光,低空技术正在书写着新的产业传奇。

(3)低空经济产业链呈现鲜明的"四链融合"特征:制造链聚焦飞行器研发,涵盖碳纤维复合材料、飞控芯片等核心部件;服务链延伸出物流配送、应急救援等 40 余种业态;数字链构建起空域管理、任务调度的智能中枢;支撑链则包括适航认证、保险金融等配套体系。如在粤港澳大湾区,东莞供应旋翼电机,深圳研发飞控系统,广州布局维修培训,香港提供融资服务,各城市协同合作,形成了半径 50km 的产业集群。

(4)应用场景的创新突破,推动价值创造模式的转变。长沙试点的"空中的士"项目,采用"平台运营 + 按需付费"模式,将传统通勤的"人找车"转变为"服务找人";浙江安吉的竹林巡检无人机,通过人工智能(Artificial Intelligence,AI)识别系统,显著提升虫害检测效率和准确率;顺丰在鄂州建设的无人机物流枢纽,实现周边 200km 范围"小时达"。实践表明,低空经济正在重构服务业的基础逻辑。

### 1.1.4 低空经济政策创新

低空经济的健康发展离不开政策法规的保驾护航。目前,我国通用航空法律体系涵盖多领域,主要涉及安全保卫、适航审定、基础设施建设、经营许可管理及飞行管制等 5 个领域,其中无人驾驶航空器法律体系是重点内容。

低空经济政策可分为五大板块:①建设低空飞行保障体系;②推动低空制造业发展;③拓展低空飞行应用场景,以辐射带动低空经济多领域共同发展;④提升低空科技创新能力;⑤完善低空经济保障措施。

我国在低空经济政策层面,已构建三级政策体系:国家层面,《无人驾驶航空器飞行管理暂行条例》确立分类管理制度;部委层面,民航局发布了《民用无人驾驶航空发展路线图》;地方层面,如深圳出台了全国首部低空经济产业促进条例——《深圳经济特区低空经济产业促进条例》(2024 年 2 月 1 日起施行)。这种分层施策的监管框架,既保障了各试点城市的创新探索,又守住了安全运行的底线。

标准体系建设是低空经济发展的另一个关键支撑。当前实施五级分类管理:微型无人机( <0.25kg)实行备案管理,大型载人飞行器需通过 140 余项严格测试,涵盖动力耐久、绝缘安全等核心环节。这种"放管结合"模式在深圳等地取得显著成效,管制空域事故率大幅下降。

## 1.2 低空经济呼唤复合型人才

低空经济具有创新驱动强、产业链条长、地理环境依赖大、应用场景广、参与主体多、安全要求高等特征,并呈现规模化、商业化发展态势。低空经济涉及第一、第二、第三产业,其市场环境持续优化、保障能力不断提升。由于我国通用航空市场规模持续增长,无人机产业全球领先,以及低空经济产业载体建设快速推进,我国低空经济发展势头迅猛,未来潜力巨大。低空经济的发展遵循如图 1-1 所示原则。

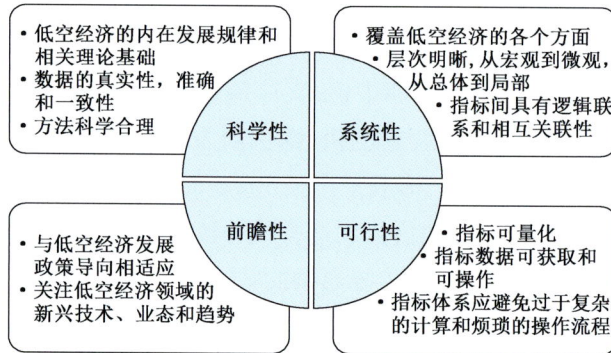

图 1-1 低空经济发展遵循的原则

从创新效力、产业实力、场景活力、发展潜力和保障能力 5 个方面出发,分层级细化各维度指标,构建"5 维度、3 层级"的低空经济发展指数评价指标体系,如图 1-2 所示。

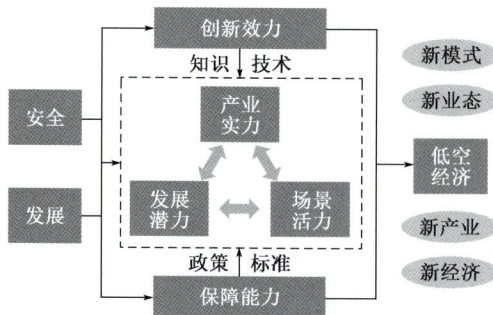

图 1-2 低空经济发展指数评价指标体系

创新效力是低空经济创新能力的综合体现,也是推动低空经济高质量发展的动力源泉。基于创新资源要素类型,可从低空经济领域的教育资源、科技平台、创新投入和创新产出等维度,展现低空经济的创新效力,其中,教育资源包括高校低空经济相关学科专业设置。随着低空经济的蓬勃兴起,人才供给体系面临前所未有的挑战,低空技术与工程人才的培养需要突破传统学科边界。行业调研显示,2025 年我国低空经济领域人才缺口将达 300 万人,其中 70% 为需要兼具"硬技术"与"软实力"的复合型人才,这类人才既要精通空气动力学与飞控算法,又要理解空域资源的市场化配置规律;既要掌握碳纤维复合材料制造工艺,又要具备风险评估与适航认证的系统思维。可见,传统学科体系的"单线式"培养模式已难以为继,亟须构建"交叉融合、知行合一"的低空经济复合型人才培养模式。

此外,低空经济的蓬勃发展催生了多元化的应用场景,对技术技能型人才提出了多层次、跨领域的复合型需求。例如,在物流配送领域,需要掌握无人机操控、航线规划、电池快换技术的运维人员,以满足城市复杂空域的飞行任务;农业植保场景下,要求人才兼具精准施药系统调试、多光谱数据分析与农艺知识,从而实现智能化农田管理;电力巡检方向,则需高压线路避障、红外热成像诊断、无人机-机器人协同作业等专项技能的人员;应急救援领域,强调从业人员具备恶劣环境飞行、载荷快速改装、空地协同指挥等实战能力;而在文体领域,人才需求集中于低空旅游、航空运动、文化创意及教育培训等场景。随着低空观光、跳伞、无人机表演等活动的普及,行业亟需具备跨学科能力的复合型人才,推动文体产业与低空经济深度融合。同时,随着低空飞行活动激增,行业对掌握航空保险产品设计、事故责任判定、低空经济政策法规等知识的复合型人才需求迫切:如开发针对 eVTOL、无人机等新型航空器的定制化保险产品,并应对低空交通管理的独特风险。此外,低空领域的金融保险人才需求显著增长,主要聚焦于航空器保险、风险评估及空域安全等新兴领域;空域开放与试点城市扩容进一步提升了保险精算、合规审查等专业化岗位的需求,目前此类人才稀缺,需通过校企合作、跨领域培训等方式加速人才培养,以支撑低空经济安全可持续发展。

低空基础设施建设催生新型职业群体。在设施建设方面,起降平台、无人机停机坪、充电桩、导航设施等建设工作中,以起降场设计为例,不仅要符合航空标准,进行结构安全、荷载计算要考虑与现有建筑的融合,同时开展环境评估、抗震设计等;在技术应用层面,新材料如轻质高强材料的使用,智能监测系统的集成,均是土木工程师需要掌握的技能。因此,低空物理基础设施建设亟须掌握垂直起降场结构设计、抗风抗震性能优化、电磁兼容施工技术,具备无人机停机坪特种混凝土配比、智能监测系统集成等专项技能,同时熟悉航空领域规范,能满足低空机场、通导基站等新型设施设计、建造与运维需求的土木工程人才,2025 年相关岗位缺口将达 12 万人。而通感一体化基站维护员需精通 5G 通信与雷达校准技术,数字孪生空域建模师要掌握三维地理信息系统(Geographic

Information System，GIS）与实时数据融合技术。这些岗位均要求技术技能人才具备"机械电子＋行业知识＋数字工具"的三元能力结构，能够操作智能装备，解析场景需求，还能进行数据驱动的流程优化。当前，行业人才缺口集中在飞行器运维、空域调度、适航检测等环节。

职业发展也将呈现多元化路径。技术型人才可深耕飞控算法优化、新型动力研发、应用场景拓展等领域；运营人才可专注于空域资源商业化开发；政策人才则致力于监管框架创新；金融保险人才主要聚焦于航空器保险、风险评估及空域安全等新兴领域。而无人机运维工程师等新兴岗位，人才缺口持续扩大，这种趋势为学习者提供了广阔的发展空间。

## 1.3 低空技术驱动人才培养模式

低空产业是低空经济发展的基础支撑，"低空＋"场景应用是低空经济发展的重要形态。作为新兴产业，低空经济具有广泛的应用场景，其发展潜力受社会经济需求和自然本底适宜性的影响。完善的基础设施供给、有效的风险防控体系和完备的政策标准是低空经济规模化和商业化发展的重要前提。

随着全球新一轮科技革命和产业变革的加速交汇推进，低空经济作为新质生产力的代表，正在从政策引导下的试点探索向规模化、差异化、协同化的区域发展新阶段迈进。通过差异化定位、基础设施互联、场景深度融合、跨区生态共建和安全保障构筑，低空经济有望成为区域协调发展的新引擎，推动"天空红利"从概念走向普惠，实现区域共赢。

未来 10 年，低空技术将引发三个层面的深刻变革：在城市空间维度，立体交通网络将使通勤效率提升 50%，如深圳规划建设的 200 个垂直起降点，将形成 10min 空中交通圈；在产业组织层面，无人机物流成本有望降至地面运输的 1/3，重构现有供应链体系；在社会治理领域，低空感知网络可实时监测环境质量、交通流量等城市体征，使应急响应速度提高 80%。

技术的突破将持续拓展应用边界，中国科学院正在研发的太阳能持久飞行器，设计留空时间超过 6 个月，将革新气象监测方式；中国航天科技集团试验的量子导航系统，在静态场景实现毫米级定位精度，为复杂环境下的精准作业提供支撑；峰飞航空凯瑞鸥，为全球首款通过完整适航流程的吨级 eVTOL，起飞重量突破 2t，将打开支线航空货运新市场。这些创新预示着低空经济正从辅助性业态向基础设施级产业演进。

掌握低空技术需要建立立体化的认知框架。在横向维度，要理解飞行器设计、空域管理、服务运营的协同关系；在纵向维度，需把握材料科学、控制理论、政策法规的层级衔接；在时间维度，应追踪技术迭代、模式创新、标准演进的动态过程。建议学习者通过"项目＋理论"双轮驱动，如参与校园物流无人机调度系统设计，在实践中深化对多源数据融合、动态路径规划等概念的理解。

低空经济既是技术创新的试验场,也是青年一代施展才华的新疆域。《低空技术与工程导论》作为整合低空经济全产业链知识的教材,构建了"技术-产业-治理"三位一体的认知框架,培育解决复杂系统问题的工程思维,融入"安全伦理-生态责任-创新精神"的人文教育,塑造技术向善的行业价值观。以"低空技术赋能新质生产力"为主线,从飞行器基础、基础设施网络到应用场景创新,逐步展开低空经济的技术逻辑与产业生态;同时聚焦社会治理与人才培养,强调安全、伦理与可持续发展的协同性,帮助学生构建"空天地一体化"的学科视野,引导其关注低空经济在应急救援、物流运输、智慧城市等领域的广阔应用前景。

## 1.4 本章小结

当前,低空经济正成为全球科技竞争的新赛道,其发展亟需兼具工程素养与跨界思维的专业人才。本教材通过理论与实践结合,启发学生思考技术迭代与社会需求的互动关系,养成解决复杂系统问题的思维习惯。期待学子们以创新为翼,在低空技术研发、政策设计、产业融合等领域开拓进取,为构建安全、智慧、绿色的低空经济体系贡献青年力量。

# 第2章 低空飞行基本知识

人类对飞行的每一次突破，都凝聚着对重力的挑战。低空飞行作为现代航空技术中最贴近民生、最具变革潜力的领域，肩负着激活城市交通、物流与应急救援等场景的使命，闪耀着模仿自然与科学理性交织的创新精神。无人机、eVTOL等飞行器的崛起，标志着航空技术从"云端"回归"人间"，并以更灵活普惠的方式重塑国土时空连接。低空发展绝非单一技术问题——空域管理、气象监测、通信导航及跨域安全规则，共同构成复杂系统，形成安全与效率的动态博弈。当前全球低空经济步入规模化，中国正以政策创新与产业协同抢占赛道，仍需突破电池续航与适航认证瓶颈，在开放与管控间寻求平衡。

## 2.1 飞行的起源与发展

（1）飞行的萌芽与发展。飞行是人类最古老的梦想之一，从模仿鸟类翱翔，到科学理论与工程技术的突破，这一历程跨越了数千年。飞行器的演变是技术的进步，更是人类智慧与勇气的结晶。古希腊神话中代达罗斯与伊卡洛斯用蜡和羽毛制成翅膀飞向太阳，《西游记》中孙悟空驾驭筋斗云，波斯史诗中的飞行王座以及阿拉伯民间故事集《一千零一夜》中的魔毯，都寄托了人类突破重力束缚的渴望。

中国是早期飞行技术的重要发源地。公元前5世纪，墨子与鲁班以竹木制成"木鹊"，可飞行三日不落，成为风筝的雏形；汉代风筝被用于军事侦察与气象观测；三国时期诸葛亮改进"孔明灯"，利用热空气上升原理在战争中震慑敌军；南北朝时期，载人风筝的尝试，虽风险极高，但为空气动力学积累了经验。

9世纪，阿拉伯学者阿巴斯·伊本·菲尔纳斯身披羽翼从高塔跃下，滑翔数百米，成为欧洲载人飞行的早期记录；中国晋代葛洪描述的"飞车"与"竹蜻蜓"，则通过旋转叶片产生升力，是现代直升机螺旋桨的雏形。

15世纪末，达·芬奇首次系统绘制了扑翼机、旋翼机与滑翔机草图（图2-1）。他通过解剖鸟类翅膀,提出"升力源于气流速度差异"假说,并设计出带尾翼的滑翔机模型,尽管受限于材料与动力,但这些设计奠定了空气动力学基础;1783 年,法国蒙哥尔费兄弟利用热空气升力原理,成功试飞载人热气球,开启了人类首次可控的空中飞行(图 2-2);同年,物理学家雅克·查尔斯以氢气替代热空气,实现了更高、更远的气球飞行,气球虽无法定向,却证明了轻于空气的飞行的可行性,并迅速应用于军事与探险;1852 年,亨利·吉法尔为气球加装蒸汽动力与方向舵,制成首艘可操纵飞艇,该飞艇飞行了 27km;19 世纪末,斐迪南德·冯·齐柏林设计刚性框架飞艇,以氢气为浮力源,开启了长途航空运输。

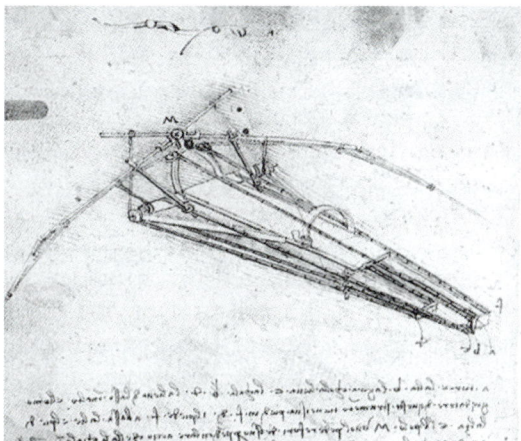

图 2-1　达·芬奇绘制的扑翼机草图

图 2-2　法国蒙哥尔费兄弟成功试飞载人热气球

　　(2)空气动力学与滑翔机的突破。英国科学家乔治·凯利首次将飞行分解为升力、推力、阻力与重力的平衡问题,提出固定翼设计理念,并于 1804 年制造了首架模型滑翔机,1853 年完成载人滑翔实验,飞行约 500m,其著作《关于空中航行》系统阐述了翼型理论,被莱特兄弟誉为"航空科学奠基之作";德国工程师奥托·李林塔尔通过 2000 余次滑翔实验,验证了弯翼面产生升力的原理,并发表《鸟类飞行与航空》,虽然他在 1896 年的一次飞行中坠亡,但其临终遗言"牺牲必须付出"激励着后来者。

　　(3)动力飞行的实现与航空革命。1903 年 12 月 17 日,威尔伯·莱特与奥维尔·莱特在北卡罗来纳州基蒂霍克完成了人类首次持续动力飞行,其"飞行者一号"采用 12 马力(约 8825.4W)汽油发动机与双螺旋桨,以链条传动实现推力,飞行了 59s、260m 的距离(图 2-3)。莱特兄弟的三轴控制系统(俯仰、横滚、偏航)成为现代飞机设计的核心。莱特兄弟与技师查尔斯·泰勒以铝制缸体减轻发动机重量,其功率重量比达到历史新高;通过风洞试验,优化叶片形状,螺旋桨效率达 82%,远超同期水平。1909 年,莱特兄弟成立飞机制造公司,并开设飞行学校。1914 年,美国开通首条商业航线(洛杉矶—旧金山),航空从实验迈向实用。第一次世界大战期间,飞机的军事价值凸显,从而加速推动了技术进步。

图 2-3　莱特兄弟和"飞行者一号"

飞行的起源史是一部跨文化、跨学科的创新史。中国古代的实践与欧洲科学革命的结合，最终通过莱特兄弟的工程突破得以实现。这一历程揭示，模仿自然与科学理论的互补，从鸟类仿生到空气动力学，实践与理论缺一不可；技术迭代受社会推动，军事与商业的需求，加速了航空技术发展。

今天，从 C919 大飞机（图 2-4）到 SpaceX 火箭（图 2-5），人类飞行的边界不断扩展，表明飞行史是人类突破自身局限的见证。

图 2-4　C919 国产大飞机

图 2-5　SpaceX 猎鹰火箭

## 2.2　飞行器基本知识

飞行器是能够在大气层或外层空间飞行的载运工具，包括飞机、直升机、无人机、火箭、航天飞机等，可根据用途、飞行原理、动力类型及结构特性进行分类。

飞行器按用途分为军用与民用两大类：军用飞行器涵盖战斗机、轰炸机、侦察机及执行精准打击的无人机（如 MQ-9"死神"）等；民用飞行器则包括客机（空客 A380）、货机、通用航空飞机（塞斯纳 172）以及医疗救援直升机等。

按飞行原理分,空气动力飞行器依赖机翼或旋翼产生升力,如固定翼飞机、直升机及仿生扑翼无人机;非空气动力飞行器则通过反作用力或惯性飞行,典型代表为火箭(SpaceX 猎鹰)、弹道导弹与航天飞机,而升力体飞行器(如 X-37B)结合气动外形与高超声速滑翔实现跨大气层飞行任务。

按动力类型,可进一步细化分类为:喷气式(涡扇/涡喷发动机)、螺旋桨驱动(活塞/涡轮)、电动推进(如 UAM 的 eVTOL 飞行汽车)及混合动力系统。

其他分类包括飞行高度(航空器与航天器)、结构布局(常规布局、隐身飞翼 B-2、鸭式布局歼-20)、操控方式(载人与无人全球鹰无人机)以及垂直起降能力(F-35B、V-22 鱼鹰倾转旋翼机)。

现代飞行器常融合多类特性,如电动垂直起降无人机,体现跨领域技术集成趋势。

## 2.2.1　飞行器组成

飞行器组成系统可分为动力系统、结构系统、控制系统、导航系统、载荷系统和辅助系统六大核心模块,各系统协同工作,实现飞行器的飞行功能。

(1)动力系统是飞行器的"心脏",负责提供飞行动力。根据飞行器类型不同,动力系统可分为:

①航空发动机:包括活塞发动机(用于小型飞机)、涡轮喷气发动机(高速飞行器)、涡轮风扇发动机(民航客机)、涡轮螺旋桨发动机(中低速飞机)和火箭发动机(航天器)。

②能量转换装置:如电动机(无人机、电动飞机)、燃料电池(实验机型)。

③推进装置:螺旋桨、涵道风扇或火箭喷管,将能量转化为推力。

动力系统的性能直接影响飞行器的速度、航程和机动性。例如,涡轮风扇发动机通过内外涵道设计,在高速和燃油效率之间取得平衡,成为现代客机的首选。

(2)结构系统是飞行器的物理骨架,需承受飞行中的气动力、惯性力与热载荷,主要包含:

①机身:乘客、货物和设备的载体,需兼顾流线型气动外形与内部空间。

②机翼:产生升力的核心部件,其翼型、展弦比和后掠角设计影响飞行性能。

③尾翼:包括水平尾翼(俯仰控制)和垂直尾翼(偏航稳定)。

④起落架:支撑地面滑行与起降,须具备减震和收放功能。

现代飞行器广泛使用铝合金、钛合金、碳纤维复合材料,以降低重量并提升强度。

(3)控制系统实现飞行器的姿态调整与轨迹控制,包括:

①机械操纵系统:传统钢索、连杆传递飞行员指令。

②电传操纵系统(Fly-by-Wire):通过电子信号控制舵面,如空客 A320 和 F-16 战斗机。

③自动飞行系统:集成自动驾驶仪、飞控计算机和传感器,实现航路跟踪与稳定。

(4)导航与通信系统。导航系统结合惯性导航(INS)、全球定位系统(GPS)和星基增强系统(如北斗),为飞行器提供实时位置与航向数据;通信系统则实现空-地、空-空信息交换,保障飞行安全与任务协调。

(5)载荷系统。载荷是飞行器执行任务的核心,包括:

①民用客机:客舱、货舱。

②军用飞机:武器挂架、雷达、电子对抗设备。

③航天器:科学仪器、卫星载荷。

(6)辅助系统包括:

①燃油系统:存储与分配燃料,确保动力持续。

②液压与气压系统:驱动舵面、起落架等机械部件。

③环境控制系统:调节舱内温度、压力(如飞机空调与航天器生命保障系统)。

### 2.2.2 飞行器的结构设计

如图2-6所示,飞行器结构设计需满足轻量化、高强度、高可靠性要求,同时兼顾气动效率与功能性。

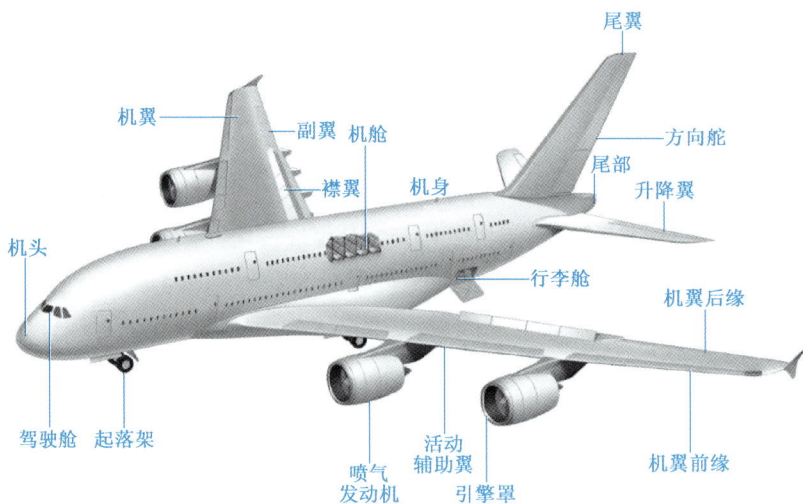

图2-6 飞行器结构

(1)机身结构。现代飞机普遍采用由纵向桁梁、环形隔框和蒙皮组成的半硬壳结构,既能承受弯曲和扭转载荷,又能减轻重量。为提升安全性,舱段划分为驾驶舱、客舱/货舱、尾舱,各舱通过防火隔板分隔。

(2)机翼结构。主翼梁沿展向布置,承担主要弯曲载荷;翼肋维持翼型形状并传递气动力;后缘襟翼(增升)、前缘缝翼(延迟失速)和副翼(滚转控制)通过复杂机械结构联动。波音787的机翼采用碳纤维增强复合材料(CFRP),重量减轻20%,疲劳寿命显著提升。

(3)尾翼与操纵面。战斗机常采用整体可动平尾,增强机动性;方向舵与升降舵通过铰链机构实现偏转,需避免颤振(如加装配重块)。

（4）起落架。民航客机选择前三点式；轻型飞机选择后三点式；减震支柱采用油液-气体缓冲系统,吸收着陆冲击,如波音 737 的"摇臂式"起落架。

（5）热防护结构。航天飞机使用陶瓷防热瓦,可耐受 1600°C 高温；猎鹰火箭采用烧蚀材料。

### 2.2.3　飞行器的力学特征

飞行器的运动遵循升力、重力、推力、阻力的平衡关系。飞行器的力学特性是其设计、性能和操控的核心基础,涵盖空气动力学、结构力学、飞行力学等多个领域。

（1）空气动力学特性

翼型是如何产生升力的,用伯努利方程进行解释,即翼型的弯度使流过上、下表面空气的流速不同,上表面流速大于下表面（图 2-7）,左侧箭头指的是来流方向,翼型表面的箭头则指示压力分布,可以发现当飞行器具有一定的飞行速度之后,气流对机翼的作用为"上吸下举",这些压力共同作用的合力,投影到垂直于气流方向的分量称为升力,投影到气流方向上的分量称为阻力,投影到与升、阻力均垂直的方向上的分量称为侧力。

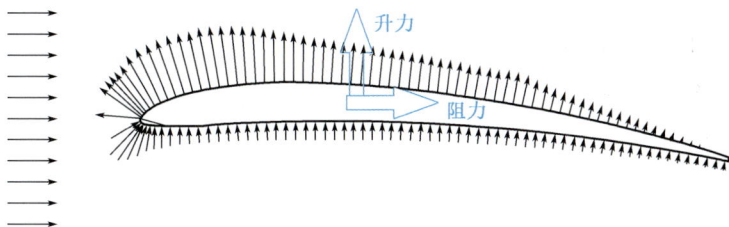

图 2-7　飞行器翼型与升力

伯努利原理是流体力学中的一项基本原理,描述在不可压缩流体中,速度越快的流体压力越低,速度越慢的流体压力越高。这一原理表明：飞行器机翼上,表面曲率较大,气流被压缩加速,上表面压强小,而下表面相对平坦,气流减速导致压强大。这种压力差形成了向上的升力。基于伯努利原理与牛顿第三定律,升力计算公式为：

$$L = 0.5\rho v^2 SC_L \tag{2-1}$$

式中：$\rho$——空气重力密度,N/m³；

　　　　$v$——气流速度,m/s；

　　　　$S$——机翼面积,m²；

　　　$C_L$——升力系数,由翼型参数和迎角共同决定,迎角过大会导致失速（升力骤降）,需通过试验或流体力学模型确定。

重力：飞行器总质量与重力加速度的乘积（$W = mg$）,直接影响能量消耗和结构强度。

推力：传统发动机或新能源动力系统（如电动机、氢燃料电池）提供的驱动力,需克服阻力。

阻力分为：①摩擦阻力,与表面粗糙度相关；②压差阻力,由前后压力差引起；③诱导阻力,伴随升力产生,与翼尖涡流有关,是低速飞行的重要制约因素;④激波阻力,超音速飞行时激波导致的能量损失。

气动稳定性分为:① 纵向静稳定性:重心位于气动中心前,扰动导致迎角变化时,焦点处升力增量生成恢复力矩(低头/抬头),赋予飞机"自我修正"能力;② 横向稳定性:依赖上反角设计产生滚转恢复力矩,后掠翼设计可增强此效应;③ 航向稳定性:由垂尾面积主导,通过侧向气动力抵消偏航。三者协同保障飞行姿态稳定,但需通过气动布局与飞控技术平衡稳定性与机动性需求。

在实际飞行过程中,飞行器所受的升力、阻力、侧力与飞机的飞行速度、迎角(可简单理解为机翼与来流的夹角)和侧滑角等参数相关,通过改变上述参数,可以控制飞行器受力的变化。而机翼表面的压力同时还形成了机翼绕自身某个点旋转的力矩,再加上主动偏转的气动舵面所产生的控制力矩,又形成了绕飞行器重心旋转的滚转力矩、俯仰力矩和偏航力矩。

(2)结构力学特性

飞行器载荷:指飞行中结构承受的内外力,主要包括气动载荷(升力、阻力及压力分布,随飞行速度、姿态变化)、惯性载荷(机动加速度,如转弯、俯冲引起的过载)、热载荷(高速飞行气动加热导致的温度应力)、突风载荷(大气湍流引起的瞬时气动力冲击)、推进载荷(发动机推力、振动及燃料惯性力)。

强度与刚度:强度是材料抵抗破坏的能力,包括静强度(极限载荷、安全系数)与疲劳强度(循环载荷下的寿命),需满足屈服强度($\sigma_y$)与断裂韧性($K_{IC}$)要求;刚度是结构抵抗变形的能力,由弹性模量($E$)及几何构型决定,确保机翼弯曲、机身扭转等变形在允许范围内,避免气动效率下降或颤振失稳。二者需权衡优化(如复合材料铺层设计),通过有限元分析、载荷试验验证,确保轻量化下安全可靠。

振动与颤振:振动是飞行器结构受气流、发动机或外部激励引发的周期性振荡,可能导致部件疲劳、乘客不适及仪器精度下降,应避免结构固有频率与发动机或气动激励频率重合;颤振是气动弹性失稳现象,由非定常气动力、结构弹性与惯性力耦合引发,常见于机翼、舵面等部位。通过优化气动外形、采用复合材料增强刚度、安装阻尼器或主动控制技术(如 A380 的颤振抑制系统)加以防控。

(3)飞行力学特性

飞行包线:飞行包线是航空工程的核心概念,是以速度、高度、载荷因数等为坐标轴绘制的封闭曲线,它界定飞机在各种条件下的安全操作范围,涵盖速度(最大速度、最小速度、巡航速度)、高度(最大高度、最小高度)、载荷因数(又称过载,包括正过载、负过载)等参数的极限范围,如 F-22 的包线扩展至超音速巡航,其精确界定与持续优化,保证了飞行安全与性能提升。

操纵响应:指飞机对飞行员操纵输入(如推拉驾驶杆、蹬舵、油门变化)的动态响应特性,包括响应速度、幅度和稳定性,其核心指标是响应时间、灵敏度和稳定性。操纵响应分为纵向响应(俯仰方向)、高度响应、航向响应(偏航方向)。

飞行阶段的力学分析:涉及飞行器在不同飞行阶段(如起飞、爬升、巡航、下降、着陆)中的力学原理和动态分析。起飞阶段,克服重力与阻力,使飞行器加速至离地速度;爬升阶段,增加高度,同时平衡能量(动能与势能);巡航阶段,升阻比最大化(现代客机升阻比可达20∶1),保持稳定高度和速度,实现最长航程或航时;下降与着陆阶段,安全减速并降低高度至触地,利用扰流板与反推装置缩短滑跑距离。飞行器设计需在各阶段权衡推力、升力、阻力与重力的关系,并优化控制策略以确保安全与效率。

飞行器的组成、结构与力学特征共同构成了其复杂的技术体系。飞行器的力学特性是航空技术发展的基石,新能源动力的引入既带来挑战(如重量分配、热管理),也催生气动布局和结构设计的革新。通过材料科学、控制算法与能源技术的协同突破,飞行器将实现更高效率、更强适应性的力学性能,推动低空经济与绿色航空的全面升级。

### 2.2.4 材料、控制与制造工艺

随着全球碳中和目标的推进与低空经济的崛起,飞行器技术经历从材料革新、控制智能化到制造工艺升级的全面变革。材料科学(如陶瓷基复合材料)、控制理论(自适应飞控)与制造工艺(3D打印部件)的进步,推动飞行器向更高效率、更强适应性与更低能耗方向发展。

1)轻量化与智能化

高性能合金与复合材料具有如下特征。

(1)高强铝合金:我国通过自主研发第四代7000系高强铝合金,解决了航空航天超大结构件减重难题,进一步开发的"高镁轻强铝",密度降低5%~10%,显著提升了飞行器有效载荷能力。

(2)智能材料与结构:南京航空航天大学智能材料与结构实验室在结构健康监测、自适应变体结构等领域取得突破,例如通过压电材料实现机翼形态实时调整,优化气动效率。

(3)太空材料实验:中国空间站的"高温材料科学实验柜"可在微重力环境下研究新型合金材料,揭示材料本征特性,指导地面高性能材料开发。

(4)多功能复合材料:以波音787为例,其机身结构碳纤维复合材料占比高达50%,机翼主承力结构更是超80%采用碳纤维增强,相较传统铝合金结构,相关部件减重约20%。陶瓷基复合材料密度极低,其工作温度可轻松超过1200℃,潜在使用温度可达到约1600℃。

2)自主化与协同化

(1)无人驾驶与集群控制:低空经济推动下,中小型无人机在物流、巡检等领域率先实现自主飞行。例如杭州发布的"天目山五号"氢电混动无人机,适应复杂场景,支持无卫星信号环境下的自主轨迹计算;通过人工智能与多机协同机制,依托深度学习算法优化飞行路径规划,结合5G通信实现多机编队协同作业,如森林火灾监测中无人机群的实

时数据共享与任务分配。

（2）自适应飞行控制系统：电传操纵系统（Fly-by-Wire）逐步被神经形态控制取代，通过仿生算法模拟生物神经网络的实时决策能力。例如，空客 eVTOL 利用自适应控制技术，在垂直起降与巡航模式间无缝切换，能耗降低 30% 左右。

3）数字化与绿色化

（1）增材制造与精密成型：金属增材制造可实现复杂结构件一体化成型，减少装配环节。数字化生产线方面：东华大学孙以泽院士团队的碳纤维智能化生产线，通过三维编织装备革新与数字孪生全流程控制，实现了精密制造与降本增效的双重突破。

（2）模块化与可持续制造：飞行器设计趋向模块化，如小鹏"陆地航母"分体式飞行汽车，陆行体与飞行体可快速分离组装，适配多样化任务需求。同时，绿色制造工艺（如氢能炼铝）可减少全生命周期碳排放。

4）氢能与电驱动

随着全球对低碳经济的追求和航空领域绿色转型需求的增强，飞行器新能源动力技术正经历多元化发展，形成以电动化为主、混合动力为辅的技术格局。

锂电池是当前小型无人机和轻型 eVTOL 的核心动力选择，其能量密度为 200～300Wh/kg，但需提升至 400～500Wh/kg 及以上才能满足载人飞行需求。

（1）氢燃料电池技术：氢燃料电池凭借高能量密度（液氢储供系统达 2.3kWh/kg）和零碳排放优势，适用于长航程场景；氢锂耦合技术结合了氢燃料电池的续航能力和锂电池的峰值功率输出特点。混合动力结合燃油发动机的高能量密度与电动机的环保特性，在过渡阶段优势显著。ZeroAvia 公司开发的 50 座级氢燃料电池支线飞机计划 2025 年试飞，续航里程有望达到 800km；液氢储存技术使储氢罐重量减小 30%，突破长航时瓶颈。政策明确以电动化为主攻方向，同时推动氢能、混动和可持续航空燃料（SAF）协同发展。

（2）电动垂直起降（eVTOL）：搭载宁德时代电池的峰飞 V2000CG 凯瑞鸥机型，采用复合翼构型，速度最高可达 200km/h，最大航程 250km，最大起飞重量 2t，运载能力等同小型直升机，可广泛应用于低空物流和紧急物资运输等场景。

在低空经济与 UAM 方面，小鹏陆空一体式飞行汽车实现"10min 从机场到市中心"，2025 年分体式"陆地航母"启动量产，推动立体交通网络构建；氢电混动无人机在偏远地区物资投送、灾情监测中发挥核心作用，单次飞行成本低于 100 元；中国 JF-22 超高速风洞可模拟 30 倍声速环境，支撑高超声速飞行器气动设计；钱学森团队奠基的爆轰驱动理论为热防护材料研发提供了关键理论支撑。

但液氢低温储存技术、复合材料耐高温性能仍需突破；国际适航标准滞后制约了氢能飞机的商用化进程；在空域管理与安全方面，低空经济需完善空域分级开放政策，建立通导监（通信-导航-监测）一体化系统，保障无人飞行器密集运行的安全性。

　　不久的将来,飞行器技术将呈现"轻量化-智能化-绿色化"三位一体发展趋势:材料持续创新将降低结构重量,AI 控制将提升复杂环境适应性,氢能与电动化驱动零碳目标实现。随着中国"低空经济"纳入 2023 年国家战略(《绿色航空制造业发展纲要》)及全球资本涌入,预计 2035 年新能源飞行器将成为主流,并重构人类出行与物流模式。

## 2.3　低空飞行器

　　低空飞行器(通常指在 1000m 以下空域运行的飞行器,包括无人机、eVTOL 等,如图 2-8、图 2-9 所示),正以前所未有的速度重塑全球交通、物流、城市管理等领域。作为低空经济的核心载体,低空飞行器技术突破、政策支持与商业模式创新,共同推动低空产业迈向万亿级市场规模。

图 2-8　大疆四旋翼消费级无人机 Mavic 4 Pro

图 2-9　小鹏汇天 eVTOL 旅航者 X2

### 2.3.1　技术革新

　　(1)动力系统的能源与效率突破。2025 年,锂硫电池能量密度突破 400Wh/kg,续航里程提升至 200km 以上,eVTOL 商业化门槛显著降低,中国商飞等企业基于 C919 适航经验开发的 eVTOL 已实现 UAM 试点运营;氢燃料电池系统实现 65% 能量转换效率,Oxis Energy、ZeroAvia 等跨国企业推出氢动力验证机,适用于长距离物流运输场景;航天科工集团"彩虹"系列无人机,采用太阳能/燃油动力系统,兼顾续航与环境适应性,广泛应用于边境巡逻与灾害监测。

　　(2)导航与控制技术。北斗系统与无线网络深度融合,构建空天地海一体化导航体系,在基准站增强信号支持下,飞行器定位精度可达到厘米级,AI 驱动通导结合技术,使无人机在复杂城市环境中自主避障效率提升 40%;单次任务可协同调度 50 架以上飞行器,误差率低于 0.1%,应用于大面积搜救、农业植保等场景,其中美国海军"洛基"编队与中国北斗集群系统均为典型代表;碳纤维-钛合金复合结构,载重比提升至1:4(较传统设计高 60%),使 200kg 以上载重机型占比约达 50% 以上(预计到 2027年),Volocopter的 VoloRegion 采用轻量化机身,载客量提升至 2~4 人;基于鸟类飞行的翼型设计算法,降低湍流干扰20%,显著提升飞行稳定性。

(3)智能化与安全技术。镭影 Q20 无人机通过 TOF 感知与机载计算机实现六向避障,在恶劣天气下,仍可执行电力巡检任务;星展测控研发的低空通信加密技术,防止数据泄露与干扰,保障物流无人机在防汛救灾中的可靠性。

### 2.3.2 市场格局

(1)全球市场规模与区域特征。2025 年全球低空飞行器市场规模突破 1200 亿美元,中国占比 35%,成为最大单一市场,其中物流配送贡献 35% 营收,冷链运输年增速超120%;北美凭借专利壁垒控制 40% 核心零部件市场,Joby Aviation 等企业主导 eVTOL 适航标准制定;欧洲政策保守导致 Volocopter、Lilium 等先驱企业破产重组,但仍在适航认证体系上保持影响力;我国形成了长三角研发集群(如亿航智能、峰飞航空)与成渝测试基地(如天府新区)的差异化布局。

(2)产业链重构与商业模式创新。传感器供应商(如司南导航)向整体解决方案转型,高精度导航模块国产化率提升至 70%;整机制造商通过数据订阅服务盈利,如中科星图的 GEOVIS iFlight 平台提供飞行管理增值服务;顺丰、京东构建"干线-支线-末端"三级物流网络,山区配送成本降低 50%。

### 2.3.3 空域开放与产业扶持

(1)空域管理改革。我国 15 个省份推行低空空域分类管理,广州通过《广州市低空经济发展条例》,明确适飞空域动态调整机制,飞行审批效率提升 60%;美国 FAA 推出无人机交通管理系统[Unmanned Aircraft System(UAS)Traffic Management,UTM],欧洲通过 SESAR 项目推动空域数字化,但监管严格导致企业成本高企。

(2)财政补贴与产业激励。合肥市对 eVTOL 适航取证最高奖励 3000 万元,物流配送航线按架次补贴(30~100 元/次),推动奇瑞飞行汽车样机量产;四川天府新区对关键技术研发补贴最高达 300 万元,低空经济企业入驻产业楼宇可享最高 500 万元租金补贴。

(3)基础设施配套。我国低空经济正处于高速发展阶段,政策支持密集、技术突破显著,但同时也面临基础设施配套不足的问题,如深圳规划建设 1000 个以上垂直起降场(Vertiport),结合"充电-换电-氢能"混合补能体系,支撑长续航飞行器运营。

### 2.3.4 应用场景

(1)UAM。亿航 EH216-S 在广州开通空中出租车示范线,票价与高端网约车持平,15min 交通圈初步形成;eVTOL 建立 30min 响应网络;荆州市第一人民医院通过无人机转运医疗物资,节省了抢救时间,且转运成本较人工方式降低 40%。

(2)物流与工业应用。在农村和偏远地区,京东的无人机配送可有效解决传统三轮车配送成本高、效率低的问题,单趟成本降低至 5 元左右;海上风电设备吊装、矿区物资运输等工业场景采用重载飞行器,效率较传统方式提升 3 倍以上。

（3）公共安全与城市治理。深圳联合飞机集团的 TD550 无人直升机搭载高压水带，完成高层建筑灭火演练，响应时间缩短至 10min；电网无人机结合 AI 算法，实现输电线路故障智能巡检，预警准确率约为 90%，减少人工巡检频次 70%。

（4）农业与环保。大疆 T60 农业无人飞机农药喷洒效率较传统人工喷洒方式提高 10 倍以上，减少化学物质扩散 30%；低空遥感系统用于森林火灾预警与野生动物追踪，较人工巡护效率提升 5 倍以上。

### 2.3.5　挑战与未来趋势

（1）当前面临的挑战

低空飞行器的发展遭遇了多重结构性的瓶颈问题：在技术层面，尽管固态电池在实验室中的能量密度已经达到了 480Wh/kg，但受限于硫化物电解质成本高昂（约 360 万元/t）以及量产工艺的滞后，导致以锂电池为动力的 eVTOL 的续航能力普遍不足 50km，且在严寒环境下的性能衰减超过 20%；同时，航空级芯片、高功率电机等核心部件的进口依赖度超过 60%，这严重阻碍了适航认证的进程。在基础设施层面，全球运营中的 Vertiport 数量不足 50 个，而到 2030 年，需求量将达到年均 1000 个，中国的通用机场数量仅为 449 个（美国约为 4000 个），并且有 30% 集中在一线城市，偏远地区的覆盖率不足 10%；低空通信频段（例如 5725 ～ 5829MHz）与 5G/卫星频段重叠，导致城市密集区的电磁干扰事故率高达 12%。在商业与法规层面，70% 的企业政府补贴占比超过了营收的 40%；适航认证的周期长达 18 个月（无人驾驶）至 3 年（有人驾驶），主要原因是全球专用标准的缺失，以及空域管理涉及多个政府部门的审批，跨省航线核准的平均耗时为 72h。

（2）未来发展动向

低空经济正朝着技术、标准与生态的协同突破迈进：在技术融合方面，量子密钥分发（Quantum Key Distribution，QKD）已将通信误码率降低至 10-9 级别，抗干扰能力提升了 20 倍；数字孪生技术实现了故障预测准确率超过 95%、航线动态响应时间小于 1s，运维成本减少了 40%。在国际化布局方面，中国企业采取"技术＋标准＋运营"的模式走向国际市场（例如，亿航智能在阿联酋推动 EH216-S 适航标准的实施），中美欧三方正在加速对接 SC-VTOL、FAA AC 21.17-4 等标准，预计到 2030 年，适航互认率将达到 80%。在空天一体化进程中，北斗三代＋5G-A 构建了厘米级定位网络，支持 100 架次/km² 的协同飞行；氢燃料电池的能量密度已突破 800Wh/kg（液氢），促进了长途货运的商业化进程。在认证范式革新方面，SORA 框架（特定运行风险评估）依赖实时数据动态调整安全等级，认证周期缩短至 12 个月以内，成本降低了 50%。未来，需通过"技术攻坚-基建补缺-规则输出"的螺旋式升级，实现从产业链完善到全球标准主导的跨越。

低空飞行器正从"科幻想象"变为"新质生产力"的核心引擎，其发展需要技术创新、政策智慧与商业勇气。尽管面临多重挑战，但随着技术迭代加速与应用场景深化，低空经济有望在 2030 年形成万亿级产业生态。

## 2.4 低空机场分类

### 2.4.1 机场分类

机场分类标准因国家或组织而异,但核心目的是优化航空网络布局和服务效率。因此,机场可以根据多种标准进行分类,如按用途分为军用机场与民用机场(客运、货运、通用航空);按规模包括国际枢纽、区域干线、支线机场及通用机场;按跑道设施分陆上机场、水上机场及直升机坪;按特殊功能分货运枢纽、高原机场、通勤机场。国际民航组织(ICAO)按跑道长度、导航设备划分等级。我国机场的分类标准基于飞行区技术指标、功能属性及空域管理要求,一个机场可能同时属于多个类别,形成了一套科学系统的分级体系。

(1)按用途分类

民用机场:主要服务商业航空和通用航空;运输机场:处理定期客运和货运航班,以4C~4F为主,跑道长度≥1800m,可起降大型客机,如北京首都国际机场(4F)、北京大兴国际机场(4F)、上海浦东国际机场(4F)、长沙黄花国际机场(4F);通用航空机场:用于公务机、农林作业、急救、旅游、培训等非定期航班,不承担定期客运,如美国范奈斯机场;军用机场:供军队使用,如战斗机、运输机起降;军民合用机场:同时承担民用和军用功能,如拉萨贡嘎国际机场。

(2)按规模等级分类

飞行区等级(ICAO标准):根据跑道长度和飞机翼展/主起落架间距划分(如4F级:可起降A380、波音747;4C级:适合空客A320、波音737),如表2-1~表2-3所示,飞行区等级由指标Ⅰ(数字)和指标Ⅱ(字母)共同构成,反映跑道长度、翼展及轮距要求,适用于运输机场和通用机场。

跑道基准长度(指标Ⅰ,数字)　　　　　　　　　　　　　　　　表2-1

| 数字代号 | 基准飞行场地长度(m) | 数字代号 | 基准飞行场地长度(m) |
| --- | --- | --- | --- |
| 1 | <800 | 3 | 1200~1800(不含) |
| 2 | 800~1200(不含) | 4 | ≥1800 |

飞机翼展与轮距(指标Ⅱ,字母)　　　　　　　　　　　　　　　　表2-2

| 字母代号 | 翼展(m) | 主起落架轮距(m) |
| --- | --- | --- |
| A | <15 | <4.5 |
| B | 15~24(不含) | 4.5~6 |
| C | 24~36(不含) | 6~9 |
| D | 36~52(不含) | 9~14 |
| E | 52~65(不含) | 9~14 |
| F | 65~80(不含) | 14~16 |

**典型等级适用机型**                                            表 2-3

| 等级 | 适用机型 | 代表机场 |
|---|---|---|
| 4F | A380、波音 747-8 | 北京首都国际机场、上海浦东国际机场 |
| 4E | 波音 777、空客 A350 | 上海虹桥国际机场、广州白云国际机场 |
| 4D | 波音 767、空客 A300 | 丽江三义国际机场、黄山屯溪国际机场 |
| 4C | 空客 A320、波音 737 | 西昌青山机场、连云港白塔埠机场 |

我国旅客吞吐量等级标准为:千万级为年旅客量超千万(如广州白云国际机场);百万级为年旅客量百万至千万;小型机场为年旅客量低于百万。

(3)按航线类型分类

枢纽机场(Hub Airport):国际或国内航线中转中心,如迪拜国际机场(全球枢纽)、芝加哥奥黑尔机场(美国国内枢纽);干线机场:连接主要城市,如中国成都双流国际机场;支线机场:服务中小城市或偏远地区,如中国丽江三义国际机场;低成本航空机场:专为廉航设计(设施简化),如伦敦斯坦斯特德机场(瑞安航空基地)。

(4)按运营模式分类

公有机场:由政府或公共机构管理(如中国多数机场);私有机场:由企业运营(如英国伦敦希思罗机场);公私合营(PPP):政府与企业合作运营(如印度德里机场)。

(5)按地理位置分类

高原机场:海拔高于 2438m(如中国稻城亚丁机场,海拔 4411m);海岛机场:需跨海建设(如日本关西国际机场、马尔代夫马累机场);城市机场:位于市区内(如纽约拉瓜迪亚机场);偏远机场:服务于人口稀少地区(如阿拉斯加部分机场)。

(6)按功能特色分类

货运枢纽:以货运为主(如美国孟菲斯联邦快递枢纽);商务/私人机场:侧重公务机服务(如瑞士日内瓦科因特林机场);旅游机场:服务于旅游目的地(如泰国普吉岛机场);季节性机场:仅在旅游旺季开放(如希腊圣托里尼机场);临时机场:用于救灾或临时活动(如临时搭建的野战机场)。

(7)按技术等级分类

仪表/非仪表机场:是否具备仪表着陆系统(Instrument Landing System,ILS)等导航设施;绿色机场:采用节能环保技术(如新加坡樟宜机场的太阳能系统)。

(8)空域分类与机场运行关联

如表 2-4 所示,2023 年中国民用航空局发布的《国家空域基础分类方法》将空域划分为 7 类,直接影响机场运行规则。

**空域划分及管制服务**                                          表 2-4

| 空域类别 | 管制服务内容 | 典型覆盖范围 |
|---|---|---|
| A 类 | 全程管制(仅仪表飞行) | 标准气压高度 6000～20000m |
| B 类 | 全程管制 | 民用运输机场上空,标准气压高度 <6000m |
| C 类 | 管制服务(间隔配备、交通信息服务) | 通用机场上空,跑道道面～机场高程 600m |
| D 类 | 管制服务(所有飞行) | 标准气压高度 >20000m |

| 空域类别 | 管制服务内容 | 典型覆盖范围 |
|---|---|---|
| E 类 | 管制服务(仅仪表飞行) | A、B、C、G 类空域以外 |
| G 类 | 非管制、仅飞行信息服务 | B、C 类空域以外,真高 300 m 以下 |
| W 类 | 非管制 | G 类空域内真高 120m 以下的部分 |

### 2.4.2 低空机场

低空机场通常指服务于低空经济活动的通用机场或起降点,是低空经济发展的基石,其多样化的形态和功能,重塑航空产业格局。低空机场支持通用航空器(如直升机、无人机、eVTOL 等)的起降和运营,覆盖应急救援、短途运输、物流配送、旅游观光等多种场景。随着政策红利释放和技术创新(如 eVTOL、无人机),低空机场将从单一交通节点升级为融合救援、物流、旅游的综合性平台,成为区域经济新增长极。

(1)低空机场的分类

根据用途和开放程度,通用机场的分类如表 2-5、表 2-6 所示。A 类通用机场,对公众开放,提供载客、物流等公共服务,需符合严格安全标准,如苏州规划的 A1 级通用机场(跑道型);B 类通用机场,非公众开放,服务于特定产业(如农业、救援、培训),如武汉亚心总医院楼顶的 B 类直升机场,专用于医疗救援。

按开放属性分类　　　　　　　　　　　　　　　　　　表 2-5

| 类别 | 定义 |
|---|---|
| A 类 | 对公众开放,提供飞行服务(如安吉天子湖) |
| B 类 | 非公众开放(如企业内部直升机场) |

A 类通用机场划分　　　　　　　　　　　　　　　　　　表 2-6

| 类别 | 定义 |
|---|---|
| A1 级 | 支持 10 座以上航空器商业载客(如短途运输) |
| A2 级 | 支持 5~9 座航空器商业载客 |
| A3 级 | 其他 A 类通用机场(如飞行培训、救援) |

根据《通用机场分类管理办法》,A 类通用机场进一步分为三级。

此外,按物理形态可分为:跑道型机场,如娄底桥头河凭借湖南地理中心优势,桥头河机场为 A 类通用机场,承担全省通航应急救援和运输中转,用于固定翼飞机和直升机起降;垂直起降点(Vertiport),专为 eVTOL 等垂直起降飞行器设计,未来或成为 UAM 的核心节点(表 2-7)。

按物理特性分类　　　　　　　　　　　　　　　　　　表 2-7

| 类型 | 示例 |
|---|---|
| 跑道型机场 | 浙江安吉天子湖通用机场 |
| 水上机场 | 上海金山水上机场(全国唯一) |
| 直升机场 | 高架型(城市楼顶)、表面型(地面起降坪) |

（2）核心功能与应用场景

低空机场的建设和运营紧密围绕低空经济需求展开，具体功能包括：应急救援，如娄底桥头河机场承担湖南省航空救援任务，参与森林灭火、抗洪抢险等；短途运输，区域中转枢纽，如娄底桥头河机场为小型飞机提供燃油补给和机组休整服务；物流配送，无人机和 eVTOL 的物流网络需依托通用机场，如顺丰在江西赣州打造的"无人机 + 通用机场"模式；旅游与体验飞行，衡水航空运动小镇通过空中游览、飞行培训吸引游客，年接待量超 10 万人次；产业服务，支持农业喷洒、电力巡检等作业飞行，例如黑龙江大量 B 类机场服务于农业现代化。

（3）政策推动与建设标准

2024 年《通用机场管理规定》实施，提出分类分级管理，简化 B 类机场审批流程，鼓励社会资本参与，例如湖北对新建通用机场最高补助 1000 万元。

A 类机场：需满足跑道长度、航管通信、应急救援等民用机场标准（如庆云通用机场跑道长 1200m）；B 类机场：设施要求较低，如武汉亚心总医院楼顶停机坪仅需助航灯光和气象设备。此外各省明确通用机场密度目标，如江苏计划 2035 年实现每（3～4）个/万 km² 机场，15min 航程覆盖全省。

无人机专用机场将适应无人机物流爆发式增长，需专业化起降点和充电设施；在 UAM 方面，eVTOL 的普及将推动城市内部垂直起降场建设。而部分区域机场密度不足，因此无人机等新业态对基础设施提出更高要求，机场作为核心基建将带动制造、服务、文旅等全产业链发展。

（4）国内通用机场案例

以株洲芦淞通用机场（Zhuzhou Lusong Airport）为例，该机场位于湖南省株洲市芦淞区五里墩乡，距离主城 9.5km，交通便利，是湖南省重要的航空基础设施，兼具军民合用功能，服务于通用航空产业发展与区域经济提升。

等级与类别：该机场飞行区等级为 1B 级，属于 A1 类跑道型通用机场，是湖南省首个通过军方和民航"双证"审批的通用机场。

2016 年芦淞通用机场启动军民合用改扩建工程，2017 年 12 月试飞成功，2018 年 7 月正式启用民用业务。2021 年 1 月升格为 A1 类通用机场，可开展 10 座以上航空器的商业载客飞行，2025 年启动新一轮改扩建工程。一期建设跑道长 800m、宽 30m，可起降最大起飞重量 5500kg 的通用飞机和直升机，远期规划预留 2600m 跑道，可起降中型客机和公务机。民用站坪设 10 个机位，机库可停放 20 架飞机。配备目视助航设备（跑道标线、灯光系统）、气象台及雷达监控系统，支持低能见度与夜航飞行。地空通信系统和环场道路完善，保障飞行安全与应急需求。

芦淞通用机场为山河智能、罗威特等企业提供飞机整机制造试飞平台，推动了株洲从航空发动机制造向整机制造的升级；支持发动机试验、电力巡查、森林灭火等专业作业；曾开通湖南省首条固定低空旅游航线（株洲至常德、张家界等），飞行高度 300m，票价低至 199 元的"公交化"便捷出行，后拓展至井冈山等地，构建"1 小时交通圈"。同时设立航空研学基地，开展飞行体验、塔台指挥模拟、无人机操作等青少年科普项目，年接待游客超 10 万人次。山河星航等企业提供飞行驾照培训，助力通航人才培养。该机场为长株潭第二机场定位,远期规划为长株潭地区备用机场,承接黄花国际机场的转场需求,并服务于紧急救援等公共事务,结合湖南省低空开放政策,推动通航运营、航空物流等产业发展,目标成为中南地区通航核心枢纽。规划建设航空产业综合体,集成博物馆、科技馆与体验馆,打造工业旅游新地标,通过"通航＋文旅＋制造"的融合模式,成为株洲航空产业集群发展的核心引擎。

## 2.5 低空飞行控制系统

飞行器控制系统(Flight Control System,FCS)是确保飞行安全、稳定性和机动性的核心系统,主要功能包括:

(1)姿态控制:调节俯仰(Pitch)、滚转(Roll)、偏航(Yaw)三轴运动。

(2)轨迹控制:实现起飞、巡航、着陆等阶段的路径规划与跟踪。

(3)稳定性增强:抑制气流扰动或机械故障引起的异常振动。

(4)自动化操作:与航电系统协同,支持自动驾驶和任务执行。

飞行器控制系统必须具备:

(1)可靠性:冗余设计防止单点故障(如多套液压系统)。

(2)响应速度:快速应对飞行员指令或外部干扰。

(3)人机协同:平衡手动操控与自动化决策。

传统飞机控制系统通常由机械和液压部件组成,其核心功能是将飞行员的操纵指令传递到飞机的操纵面,从而实现飞行姿态和航向的控制,主要功能包括:

(1)电传操纵系统(Fly-by-Wire,FBW)

电传操纵系统的原理是将飞行员输入转换为电信号,经计算机处理后驱动执行机构。其核心组件是陀螺仪、加速度计、大气数据计算机,飞行控制计算机(FCC),电动作动器(EMA)或电液作动器(EHA),其特点为重量轻,可靠性提高,并支持主动控制技术(如包线保护、自动配平),空客A320为全球首款全电传操纵的民航客机。

(2)自动飞行控制系统(AFCS)

自动飞行控制系统的功能模块包含自动驾驶仪(Autopilot):维持预设高度、航向和速度;飞行管理系统(FMS):集成导航数据库与性能优化算法;自动着陆系统:依赖ILS(仪表着陆系统)实现CATⅢ类盲降。

自动飞行控制系统关键技术为经典反馈控制算法的PID控制和优化多变量动态响应模型预测控制(MPC)。

(3)控制面与作动机构

飞机主要控制面及功能如表2-8所示。

主要控制面及功能　　　　　　　　　　表 2-8

| 控制面 | 功能 |
| --- | --- |
| 副翼（Ailerons） | 控制滚转（左右倾斜） |
| 升降舵（Elevator） | 控制俯仰（机头上下） |
| 方向舵（Rudder） | 控制偏航（左右转向） |
| 襟翼（Flaps） | 增加升力（起飞/降落） |
| 缝翼（Slats） | 改善低速气动性能 |
| 扰流板（Spoilers） | 减速或辅助滚转 |

作动机构类型分为：高压油液驱动活塞，用于大型飞机的液压作动器；由电机直接驱动，用于电传系统的电动作动器；采用压电陶瓷、形状记忆合金（未来趋势）的智能材料作动器。

（4）控制技术

控制技术分为通过实时控制补偿气动不稳定性，提升机动性（如战斗机 F-16），利用传感器预测湍流并调整控制面，独立控制升力，实现无俯仰姿态变化的高度调整主动控制技术（ACT）；根据飞行状态动态调整控制律参数，实现自适应控制；神经网络故障诊断识别传感器或执行器异常，无人机自主避障与路径规划（如 Alpha Dogfight 项目）强化学习的人工智能与机器学习控制技术以及采用无人机集群协同执行侦察或物流任务的蜂群算法，如 X-61"小精灵"无人机与 C-130 运输机的协同回收的母舰-子机系统，分布式控制（多飞行器协同）技术。

波音 777 采用三重冗余电传系统，实现包线保护功能和与 FMS 联动优化燃油效率的自动油门系统；F-35 闪电Ⅱ战斗机采用支持高攻角机动（如"眼镜蛇"机动）的全权限电传操纵，发动机喷口偏转增强敏捷性的矢量推力控制，结合头部跟踪实现"看哪打哪"的头盔显示系统（HMDS）；大疆 Inspire 系列无人机则采用基于 PID 的电机转速闭环控制的多旋翼飞，控光流传感器与 GPS 融合实现悬停的视觉定位系统，低电量或信号丢失时自动返航智能返航。

## 2.6 低空飞行通信

低空飞行通信是保障低空经济安全运行的核心技术支撑，需应对复杂地形、高密度飞行器交互以及新兴飞行器（如无人机、eVTOL）的多样化需求。

### 2.6.1 传统飞行通信与低空场景

传统航空通信的技术基础主要依赖甚高频（VHF，118 ~ 137MHz）语音通信，搭配二次雷达（SSR）实现空管监视，其局限性在于覆盖高度依赖地面基站；低空飞行易受地形遮挡（如城市楼群、山区），无法满足无人机高密度数据传输需求。城市峡谷效应导致信号衰减（如深圳超高层建筑区域 VHF 通信成功率下降 40%）；无人机、eVTOL 等设备激增导致传统频段拥堵；传统语音通信难以满足物流无人机毫秒级响应需求，并需同时支持有人机(如直升机)与无人机的协同通信。

### 2.6.2 低空飞行通信技术体系

(1)核心通信技术。5G/5G-A蜂窝网络:深圳已实现全国首个城市级5G-A低空网络覆盖,支持无人机超视距控制(时延<20ms),中国移动在珠海试点"通感一体"基站,集成通信、雷达感知功能,可实时监控低空飞行器;卫星通信:北斗短报文+天通卫星保障偏远地区通信(如西藏高原救援场景),Starlink等低轨星座提供全球覆盖,但存在解决终端小型化与功耗问题;专用数据链:中国电子科技集团有限公司研发的"低空鹰眼"系统,使用L波段(1~2GHz)实现300km半径内飞行器监控,美军已部署Link 16数据链的民用化版本,支持无人机群协同作战。

(2)增强型辅助系统。低空通信导航监视(CNS)网络:四川建成全球首个低空智联网,融合ADS-B、5G、雷达等多源数据,广州试点"低空云"平台,实现飞行器身份、位置、航迹三可查;量子加密通信:合肥开展量子密钥分发(QKD)无人机试验,防范通信劫持风险;华为提出"星闪"技术(NearLink),时延仅为蓝牙的1/30,适用于高精度编队飞行。

### 2.6.3 典型应用场景与技术方案

典型应用场景与技术方案如表2-9所示。

典型应用场景与技术方案 表2-9

| 场景 | 通信需求 | 解决方案 | 案例 |
|---|---|---|---|
| 城市物流无人机 | 高密度、超低时延、抗干扰 | 5G-A网络切片+边缘计算 | 深圳美团无人机配送(日均万单级) |
| 山区应急救援 | 广域覆盖、高可靠性 | 北斗短报文+高通量卫星中继 | 四川泸定地震无人机物资投送 |
| eVTOL城市空运 | 厘米级定位、空地协同 | 5G+UWB(超宽带)融合定位 | 上海峰飞eVTOL临港试飞 |
| 农业植保无人机群 | 低成本、大连接 | LoRaWAN+AI路径规划 | 极飞科技新疆棉田作业(单日10万亩) |

### 2.6.4 政策标准与基础设施

(1)政策推进。《低空飞行服务保障体系建设总体方案》要求2025年前建成覆盖全国的低空通信网络,重点区域实现"全时可用、全域可控";工信部规划840~845MHz、1.4GHz等频段专用于无人机通信,减少与传统航空频段冲突;深圳规划建设600个低空通信基站;广州南沙试点部署通感一体杆(集成5G、气象感知等功能),且借助5G通感技术,无人驾驶汽车可精准感知周围车辆、行人信息。

(2)国际标准竞争。美国制定的UAM通信标准,要求通信可用性≥99.999%;欧盟U-space强制要求无人机接入4G/5G网络,并开发专用通信协议(UC2);中国主导的3GPP R18,推动5G-A支持低空网络切片,已写入国际标准。

### 2.6.5  技术瓶颈与未来趋势

（1）当前挑战。5G 毫米波在密集楼宇间导致 100dB/km 的极高衰减，需发展智能反射面（RIS）技术，降低信号穿透损耗；解决军民航通信协议差异导致融合困难（如 JTRS 与民用 5G 的互操作性）的跨域协同难题；国内曝出无人机 GPS 欺骗事件，需强化抗干扰能力，降低网络安全风险。

（2）未来突破方向。太赫兹频段（0.1～10THz）支持 TB 级数据传输，中国移动计划 2030 年实现 6G 低空全覆盖；华为提出"通信大脑"概念，通过 AI 实时分配频谱资源，提升利用率 3 倍以上；研究蜂群通信机制，开发新型抗干扰协议（如北航仿生无人机群试验）。

低空飞行通信正从单一 VHF 语音向"5G + 卫星 + 量子"的多元融合架构演进。中国通过政策引导和技术突破，已在城市物流、应急救援等场景实现领先。未来随着 6G、AI、量子加密等技术的成熟，低空通信将支撑起亿级无人机与 eVTOL 的规模化运行，成为智慧城市的核心数字底座。

## 2.7  低空飞行气象

低空飞行气象是保障低空经济安全运行的关键要素，其复杂性远远超过传统航空气象，需要应对突发性天气、地形扰动及新型飞行器（如无人机、eVTOL）的不同需求。

### 2.7.1  低空气象的特殊性

（1）微尺度天气。包括突发阵风，如城市楼群间风速突变（如深圳福田 CBD 实测瞬时风速差达 8m/s），导致无人机失控；低空湍流，如山地地形引发低空湍流威胁 eVTOL 稳定性；局地雷暴，夏季积雨云在 10min 内形成，无人机避让响应时间不足（如广州 2023 年雷击致多驾物流、应急救援无人机受损）。

（2）能见度骤变。医疗直升机需目视降落（云底高≥60m），而团雾水平尺度仅百米级，能见度瞬间降至 50m 以下；PM2.5 > 150 时，导致沙尘/烟霾激光雷达测距误差超 30%，影响无人机视觉导航。

（3）监测难点。传统气象站高度多在 10m 以下，50～1000m 低空缺乏连续观测（中国仅 12% 区域布设风廓线雷达）数据盲区；山区逆温层、城市热岛效应等地形干扰导致预报模型误差率超 40%；现有数值模式更新时间间隔≥1h，难以捕捉分钟级天气变化。

### 2.7.2  低空气象监测技术

（1）立体观测网络。大疆 M300 搭载微波辐射计，实时采集 0～500m 温湿压数据（深圳试点精度达 ±0.3℃），气象探空无人机升至 3000m，成本较传统探空气球降低 70%；上海临港部署 16 台多普勒激光雷达，实现 150m 以下风速监测分辨率达 10m/s，广州白云国际机场用相干激光雷达探测 1km 内晴空湍流，预警提前量提升至 15min；华为海思推出

"气象微站",尺寸仅手机大小,布设密度可达 1 个/km²。

（2）智能预报系统。中国气象局"天擎"系统融合雷达回波与深度学习,可实现 0 ～ 2h 预报,但强对流天气(如雷暴)生命史短、突变性强,实际业务准确率约 80% ～ 85%;成都世运会低空保障中,5m 分辨率三维风场产品通过"天擎"实时传输,垂直分层达 100 层。

（3）场景化解决方案。场景化解决方案如表 2-10 所示。

**场景化解决方案** 表 2-10

| 场景 | 气象风险 | 技术方案 | 典型案例 |
|------|----------|----------|----------|
| 城市物流无人机 | 楼宇间风切变、降雨 | 激光雷达 + AI 路径重规划 | 深圳美团无人机雨天配送<br>准点率保持 98% |
| 山区电力巡检 | 局地雷暴、强对流 | 毫米波雷达 +<br>雷电预警系统 | 云南电网无人机雷击<br>事故率下降 90% |
| eVTOL 载人飞行 | 低空湍流、积冰 | 多普勒天气雷达 +<br>机载冰晶传感器 | 上海峰飞 eVTOL 临港<br>试飞气象保障 |
| 农业植保 | 高温导致药液蒸发 | 物联网温湿度监测 +<br>变量喷洒控制 | 极飞科技新疆棉田作业<br>效率提升 35% |

《低空飞行服务保障体系建设总体方案》要求 2025 年前建成全国低空气象观测网,重点区域监测分辨率达 1min/km²;《民用轻小型无人机系统抗风性要求及试验方法》(GB/T 38930—2020)明确不同重量级无人机抗风等级(如 <25kg 机型禁飞风速≥10m/s)。深圳立法要求物流无人机起降点 500m 内必须部署微型气象站;湖南建成智能网格预报平台,提供 0 ～ 1000s 垂直方向分层气象数据服务。

美国 FAA 规定 eVTOL 需搭载湍流探测雷达(参照 ASSURE UAM 气象标准);欧盟 SESAR 计划开发低空气象数据共享接口(MET4UAM)。

低空飞行气象管理正从"粗放式预警"向"厘米级感知 + 秒级响应"跃迁。中国通过"空天地海"一体化观测和 AI 预报创新,已在城市物流、应急救援等场景建立优势。未来突破量子传感、6G 融合感知等关键技术,同时推动数据共享与标准统一,支撑亿级无人机与 UAM 的常态化运行,让低空经济真正"风雨无阻"。

## 2.8 低空飞行空域管理

低空飞行空域管理涉及空域分类、政策法规、技术平台和应用场景等多方面的协调,是保障低空经济安全有序发展的核心环节。

### 2.8.1 低空空域分类

根据我国现行规定,低空空域通常指 1000m(含)以下的飞行区域(山区和高原可调整高度),并划分为以下四类(图 2-10)。

(1)管制空域:需严格审批,覆盖机场周边、国境地带、重点防空区等,提供全方位空中交通服务。

(2)监视空域:飞行需报备,空管部门提供有限监控,主要覆盖通用航空活动频繁区域。

(3)报告空域:用户需提前报告飞行计划,常见于旅游观光、体育赛事等非管制区域。

(4)目视飞行航线:在目视条件下飞行,需按指定路线进出管制或监视空域。

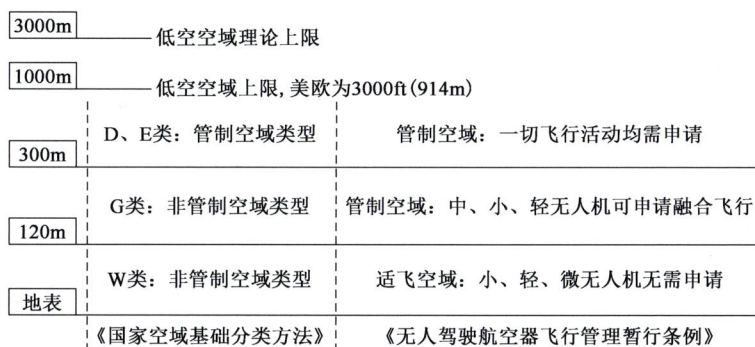

| 3000m | 低空空域理论上限 | |
| --- | --- | --- |
| 1000m | 低空空域上限,美欧为3000ft(914m) | |
| 300m | D、E类:管制空域类型 | 管制空域:一切飞行活动均需申请 |
| 120m | G类:非管制空域类型 | 管制空域:中、小、轻无人机可申请融合飞行 |
| 地表 | W类:非管制空域类型 | 适飞空域:小、轻、微无人机无需申请 |
| | 《国家空域基础分类方法》 | 《无人驾驶航空器飞行管理暂行条例》 |

图 2-10　低空空域划分示意图

此外,适飞空域与管制空域的划分进一步细化,如无人机在真高 120m 以下(除敏感区域外)可自由飞行,无须申请。

### 2.8.2　政策法规

低空空域并非完全开放,而是通过动态调整机制平衡安全与需求,例如广州、珠海等地推动适飞空域划设与分类管理试点。我国《无人驾驶航空器飞行管理暂行条例》(2024年施行)明确实名登记、空域划分、飞行申请等要求,违者将面临罚款或设备没收。此外,广州通过《低空经济发展条例》,建立市级低空飞行综合管理平台,与省级平台互联,实现飞行申报、动态监控和气象预警一体化管理;珠海制定《低空交通建设管理条例》,强化"军地民"协同监管,并在横琴合作区试点海陆空无人体系,探索跨境低空运输规则。对大型活动(如演唱会、跨年夜)期间临时管控,划定禁飞区,需提前申请备案。

### 2.8.3　管理措施

所有无人机需在民用无人驾驶航空器综合管理平台(UOM)注册,实行实名登记与飞行审批,在管制空域飞行需提前 1 日申请。开展动态监控与应急处置,通过市级管理平台实时接入导航、气象数据,异常气象时自动暂停飞行,对"黑飞"行为采取驱离、迫降等措施。推进起降点、能源补给站等地面设施建设,鼓励社会资本参与城市核心区、交通枢纽等场景的布设。

总之,低空飞行空域管理以安全为前提,通过分类划设、政策创新和技术平台实现资源高效利用,并需在法规完善、基础设施建设和跨区域协同方面,支撑无人机、eVTOL 等新兴业态的规模化应用,推动低空经济增长。

## 2.9 低空飞行安全

低空空域作为一个由人、航空器、环境、管理四个单元相辅相成而又相互制约的复杂系统,其飞行安全受冲突、环境、交通、运行要素的影响。

### 2.9.1 冲突要素

冲突要素描述飞行冲突事件本身的特性和严重程度。影响复杂低空飞行安全态势的主要冲突要素有:冲突数量、冲突类型、冲突位置等,涉及的主体有人、航空器和空域环境等,这三项指标能较全面和客观地反映影响飞行安全态势的冲突事件类型及其安全程度。

(1)冲突数量。飞行冲突的产生是两个做相对运动的航空器在一定的时间内,向安全事故接触点逼近的空间变化趋势的过程。在某一特定时间,当航空器与航空器之间或是航空器与障碍物之间在 3 个方向上的间隔都小于规定的飞行间隔标准时(即水平与垂直方向的保护区重叠),视为产生一次冲突。当单位时间内冲突数量增加时,低空空域存在安全事故隐患,复杂低空空域飞行安全态势会受到影响。

(2)冲突类型。从解脱维度层面有水平面和三维,解脱行为有航向调整、速度调整、高度调整,解脱数量层面有成对和多机群体。不同的冲突类型代表航空器所处不同的安全状态,考虑操作水平和恢复至原来飞行状态的难易及耗时程度,需设置冲突避让行为的优先顺序。优先级别低的避让策略的冲突航空器数量增加,行为调整量增多,表示低空空域内飞行安全态势恶化。

(3)冲突位置。不同冲突发生地点产生的冲突影响不同,如在空域航线的汇聚点等繁忙区域与局部空闲区域的冲突事件,对整个复杂低空飞行安全态势造成的影响程度明显不同,因此,冲突位置反映冲突事件的严重程度,进而反映复杂低空飞行安全态势。

### 2.9.2 环境要素

环境要素描述飞行安全态势发生变化时的外界环境条件。影响低空空域飞行安全态势的环境要素主要分为动态环境要素和静态环境要素。其中动态环境要素主要是复杂多变的气象条件,飞鸟、无人机或其他人为活动干扰以及不定时、不定向的军航活动等动态信息;静态环境要素是指低空空域的既定结构,如管制、报告、监视空域位置和范围,目视飞行航线分布,起降点位置以及地形障碍物等静态信息。

(1)气象条件。气象对通用航空飞行有着重要的影响,低空空域内气象复杂,存在低云、雷暴、低空风切变、低能见度及其他恶劣天气,影响航空器飞行安全甚至可能造成停航。如近地面600m以下多产生低空风切变,对航空器起降有着极大影响,可能影响航空器操纵性及稳定性、机载仪表设备准确性、改变航空器飞行航迹等,航空器高度和低空风切变强度不同均会造成不同程度影响,严重时会导致事故发生。此外,不同强度降水、云、雾、霾对能见度产生影响,而不同等级能见度又会对低空空域飞行安全态势造成影响。另外,根据目视飞行规则,航空器与云的水平距离不得小于1500m,垂直距离不得小于300m。若低云量较多,航空器可用高度变少,绕飞航空器增多时低空空域飞行安全性降低。

(2)飞鸟群或无人机等其他人为活动干扰。飞鸟与人为活动对低空空域飞行安全态势影响的主要区别在其活动范围、活动时间的可控性方面,低空空域出现飞鸟的概率远远高于中高空,当某片空域飞鸟活动频繁时,航空器飞行安全受到影响;若影响航空器运行的人为活动(如跳伞、烟花爆竹的燃放、气球的释放、无人机活动等)出现或增多,也会对低空空域飞行安全态势产生影响。

(3)军航活动。出现军航活动时,由于其不定时、不定向,会降低空域的运行能力,影响低空空域的飞行安全态势。

(4)低空空域结构。空域结构划设是实施空域管理的一种方式,具有引导空域交通流呈现汇聚或者发散的作用,交通流的分布状态对空域飞行安全态势有不同影响。因此空域结构是否合理将直接决定空域内交通流分布及复杂程度,从而影响飞行安全。空域划设、起降点设置、航线安排越合理,越有利于复杂低空空域安全、高效飞行。

(5)地形障碍物。低空空域高度限制以及通用航空器性能的约束,迫使航空器改变航向或改变高度。不同高度、不同密度、不同地理位置的障碍物会对低空空域飞行安全态势产生影响。根据目视飞行规则,对于障碍物高度,平原和丘陵地区低于航空器作业高度100m,山区低于航空器作业高度300m时,可不予考虑;对于障碍物密度,达到或高于影响飞行安全高度的障碍物数量越多,或者说障碍物在低空空域密度越大,因障碍物而改变航向或高度的航空器越多,空域越拥堵,飞行安全态势越低;对于障碍物地理位置,当达到或高于影响飞行安全高度的障碍物处于高作业量、高流量的低空空域内时,将导致改变行为的航空器增多,降低飞行安全。

### 2.9.3 交通要素

交通要素描述可能发生不安全事件时所处的当前空域的交通条件背景,如交通流密度、交通流速度、交通流流量、交通复杂程度、拥堵程度、空域负荷、航空器活动任务、航空器类型等。

(1)交通流。低空空域的飞行状态处于自由流、拥挤流、堵塞流,即对应不同速度、密度、流量,均会对低空空域飞行安全态势产生影响。

(2)飞行量。低空空域面积有限,当低空空域飞行量达到其承受能力时,航空器数量的增多,势必会降低低空空域飞行安全态势。

(3)航空器类型。不同类型航空器具备不同的性能,包括导航能力、探测能力、速度范围、飞行高度、爬升性能、操纵性和稳定性及其他特性,如直升机可以悬停。当一片空域内航空器数量不变时,航空器性能越好,低空空域飞行安全态势越高,因此,低空空域内航空器的不同比例组合,会对飞行安全态势造成不同程度影响。

(4)通用航空活动任务。不同活动任务(应急救援、运输作业、工业作业、农林作业、公务飞行、空中游览及其他)代表不同的航空器类型(教练机、直升机、无人机、公务机及其他),也代表发生冲突时不同的避让优先等级,因此,一片空域内通航活动任务优先级高的航空器数量不同,会影响到冲突事件持续时间的预测,进而影响低空空域飞行安全态势。

### 2.9.4　运行要素

主要体现在低空运行规则上,包括飞行规则、间隔标准、冲突探测距离,高度层划分、通信导航监视、运行管理方式等。

(1)飞行规则。通用航空器飞行规则是组织、实施通用航空器飞行活动的基本依据,主要包括基础飞行规则、避让规则、解脱规则等。不同避让和解脱优先级规则,决定了通用航空器在低空空域内的运行效率,进而影响低空空域的飞行安全态势。

(2)间隔标准。为防止通用航空器发生危险甚至碰撞,需要保证航空器在纵向、侧向、垂直方向隔开一定距离。飞行间隔的大小决定特定空域的容量大小,间隔越小,空域内能容纳的航空器数量越多,流量和密度也就越大。缩小间隔可显著增加空域容量,但当间隔减少到一定程度,又会对航空器的飞行安全构成威胁,进而影响低空空域的飞行安全态势。

作为间隔标准,最小安全间隔有一个最优值,不同最小水平安全间隔虽然不会影响冲突数和冲突持续时间随飞行量整体变化规律,但意味着冲突的航空器可能会采取不同的解脱策略,进而影响航空器飞行冲突持续时间和碰撞风险。

(3)高度层划分。借鉴缩小的垂直间隔可知,高度层的划分影响整体低空飞行安全态势,高度层划分少,不利于低空空域资源的利用,造成浪费;若划分间隔小,虽然提高了利用率,但不利于安全运行。因此,合理划分高度层,保证一定的安全裕度,利于低空空域的高效管理。

(4)冲突探测距离。冲突探测距离不影响冲突数以及冲突时长随飞行量的整体变化规律,但在同一飞行量下,冲突数和冲突时长随飞行冲突探测距离增加而增加。当飞行量较大且保持不变时,飞行冲突探测距离的增加意味着低空空域内航空器发生飞行冲突的概率增加,此时,受其影响的其他航空器数量也会增加,进而导致低空空域内冲突数的增加,影响低空空域的飞行安全态势。

## 2.10　本章小结

　　本章从人类飞行探索的起源切入,梳理飞行器动力、结构与分类的演进,重点聚焦无人机、eVTOL等现代低空飞行器的技术特征与应用场景。在基础设施层面,解析了垂直起降场、临时起降点等低空机场的差异化功能,并探讨飞行控制系统、通信导航技术与低空气象环境对飞行安全的联动影响。同时,结合空域管理规则与风险评估方法,构建"技术-环境-管理"三位一体的安全逻辑框架。要求通过本章学习,能理解低空飞行器的物理原理与工程实现路径,认知空域动态调度、气象预警等复杂系统的协同机制,为后续低空基础设施与低空产业应用场景的学习奠定基础。

# 第3章 低空飞行基础设施

    低空基础设施是支撑低空经济发展的先导性、基础性、战略性设施,是促进低空经济产业快速发展、辐射相关领域融合发展的重要基点。根据《国家"十四五"通用航空发展专项规划》《低空飞行服务保障体系建设总体方案》以及多地出台的低空经济产业促进条例和实施方案,我国低空基础设施建设受到国家及地方政策的多级推动。

    低空基础设施建设不仅具备乘数效应,能够优先受益,更是推动部分功能采取商业化运作的关键。全国范围内,鼓励低空基础设施商业化运营,加大投资规模已成为共识。

## 3.1 低空基础设施的核心构成

    低空经济活动作为新兴领域,其发展紧密依赖于低空空域资源的合理利用与管理,而低空基础设施的布局很大程度上直接影响低空空域的使用。依据低空经济相关政策或规划文件、技术标准和行业建设经验,低空经济基础设施框架包括四张"网",分别为"设施网""空联网""航路网"和"服务网"。

    (1)设施网主要指物理基础设施,包括低空飞行起降站、接驳设施、能源站、紧急备降场、停机设施、检修设施、保障站、飞行测试等。

    (2)空联网主要指低空通、导、监等信息基础设施,包括通信设施、导航设施、监视设施、气象设施等。

    (3)航路网主要指低空数字空域图,包括空域表示、数字孪生、3D 地图、知识库、规则库等。

    (4)服务网主要指数字化管服系统,包括低空监控系统、低空飞行服务系统、低空飞行管控系统等。

    如图 3-1 所示,"四张网"通过高效协作,推动低空经济的安全化、智能化和商业化发展。设施网为飞行提供硬件支撑,空联网保障通信和导航,航路网优化飞行路径,服务网提供监管和服务。这种协同作用提高了低空飞行安全性和可靠性,为低空经济的未来发展奠定了坚实基础。

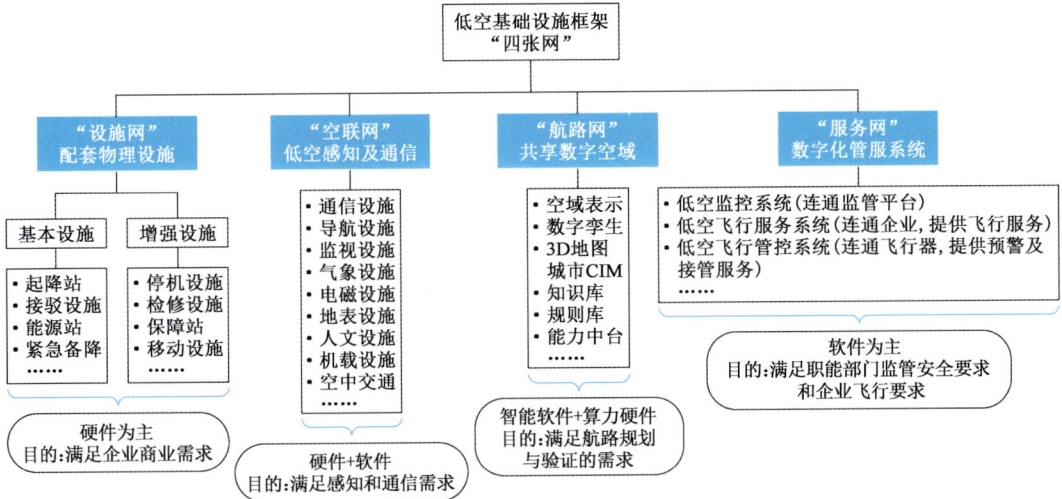

图 3-1 低空基础设施"四张网"

如图 3-2 所示,低空经济具有"异构、高密度、高频次、高复杂性"的特征,未来低空管理的核心是支撑以"异构、高密度、高频次、高复杂性"为特征的大容量融合低空活动,受限于低空通信、导航、监视等保障范围以及低空运行环境复杂等因素,对低空通、导、监体系,给各省、市、站三级服务管理体系等软硬件协同布局带来挑战。在安全可控的前提下,要实现低空经济规模化、可持续、高质量的快速发展,建设完善的低空信息基础设施就显得尤为重要。

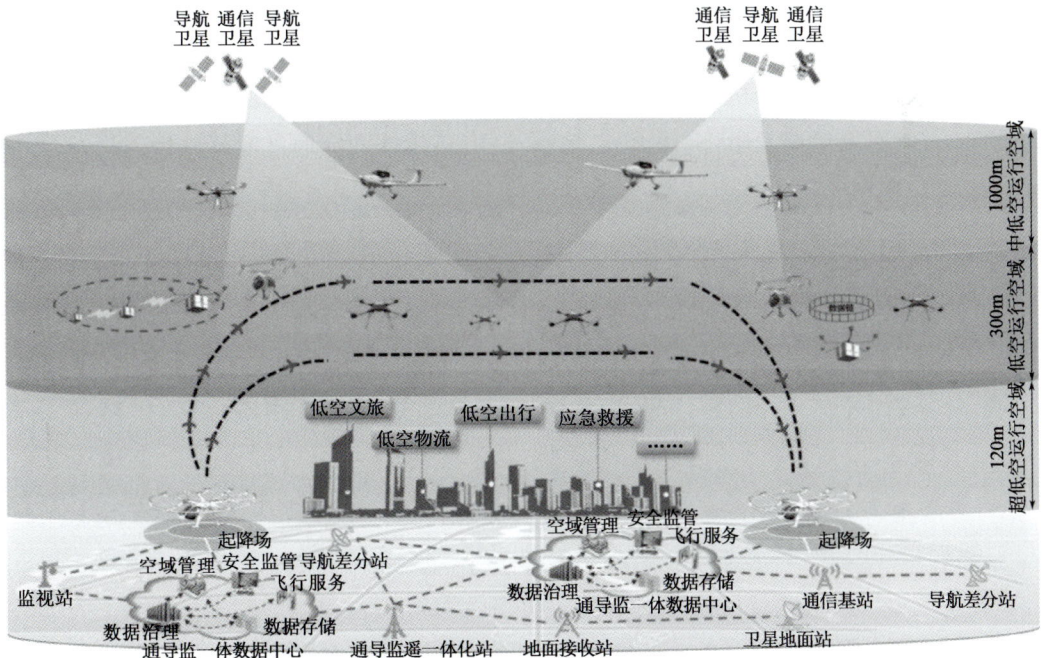

图 3-2 低空经济的"异构、高密度、高频次、高复杂性"特征

## 3.2 设施网

设施网是低空经济的物理基础设施,主要包括低空飞行起降站、接驳设施、能源站、紧急备降场地、停机设施、检修设施以及飞行测试场地等。通过创新土地利用模式,如利用闲置土地、屋顶等建设低空设施,采取多元化投资渠道,吸引政府、企业、社会资本共同参与设施网建设,为低空飞行提供必要的硬件支撑,确保飞行的安全、高效和便捷。

### 3.2.1 低空飞行起降站

低空飞行起降站是低空飞行器的"交通枢纽",堪比地面交通中的火车站、汽车站和机场。在地面交通中,枢纽汇聚了大量的人流、物流,通过合理调度和安排,实现人员和物资的高效转运。同样,低空飞行起降站是低空飞行器的集中起降点,负责飞行器的有序调度、引导低空飞行器安全起飞和降落,保障低空飞行顺畅运行。起降站是连接低空飞行与地面活动的关键节点,所有低空飞行任务都在此起始和终结,其运行效率和安全性直接影响着整个低空飞行体系的运行质量。

(1)城市中心起降站。如图 3-3 所示,城市中心起降站通常选址在城市核心区域或人口密集区附近,交通便利,周边配套设施完善。为适应城市有限的空间资源,其建设多采用垂直起降或短距起降技术。这类起降站规模相对较小,但设施先进,具备高度自动化的调度系统,能够快速处理飞行器的起降需求。例如,在一些现代化大都市的中央商务区,可能会建设小型的直升机起降坪,服务于城市内部的高端商务出行、医疗急救以及应急指挥等任务。商务人士可以通过城市中心起降站快速抵达目的地,节省通勤时间;突发医疗紧急情况,直升机能够迅速从起降站起飞,搭载病患前往医院,为抢救生命赢得宝贵时间;应对城市突发事件,如火灾、地震等,应急指挥人员通过起降站快速抵达现场,进行高效指挥调度。

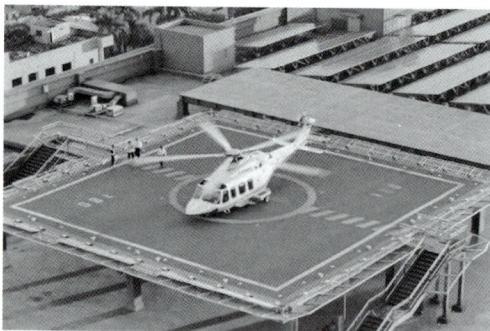

图 3-3　城市中心起降站

(2)郊区起降站。如图 3-4 所示,郊区起降站一般占地面积较大,具备更广阔的空域条件,可容纳多种类型的低空飞行器起降,包括一些较大型的固定翼飞机和旋翼机,其设施建设相对较为综合,除基本的起降跑道、停机坪外,还可能配备候机楼、维修车间等配套设施,适用于开展区域性低空旅游业务、物流配送以及通用航空培训活动。在旅游资源丰富的郊区,游客可以从起降站乘坐观光飞机或直升机,欣赏周边的自然风光;物流企业可利用郊区起降站作为货物转运中心,通过低空飞行器实现货物快速配送;航空培训机构可在郊区起降站为学员提供充足的训练空域和完善的训练设施,由于地处郊区,建设成本相对较低,对周边环境的影响也较小。

图 3-4　郊区起降站

### 3.2.2　接驳设施

接驳设施在低空设施网中承担着实现低空交通与地面交通无缝对接的重要使命,是提升出行效率的关键环节。在传统的交通体系中,不同交通方式之间的衔接不畅,往往导致出行时间浪费和换乘不便,低空交通作为一种新兴交通方式,只有与地面交通实现高效接驳,才能真正发挥其快速、便捷优势。例如,当乘客乘坐低空飞行器抵达目的地起降站后,如果能够通过便捷的接驳设施迅速换乘地面交通工具,如地铁、公交、出租车等,可大大缩短整个出行时间,提高出行效率;反之,如果接驳设施不完善,乘客在起降站需要花费大量时间等待和寻找合适的地面交通方式,那么低空飞行所节省的时间将被抵消,优势也将大打折扣。

(1)综合交通枢纽接驳。许多城市在建设大型交通枢纽时,将低空交通纳入规划,实现多种交通方式的一体化接驳。例如,一些国际机场周边区域,建设了直升机起降点,并通过内部通道或专用摆渡车与机场候机楼相连,这样商务旅客可乘坐直升机快速抵达机场,然后无缝衔接国际航班,实现远程出行。同时,在一些城市的高铁枢纽附近,规划建设了低空飞行起降站和配套接驳设施,方便乘客在高铁和低空飞行器间换乘,拓展了出行选择,提高了区域交通便利性,如图 3-5 所示。

(2)城市公共交通接驳。在城市内部,通过建设与公共交通站点相连的低空接驳设施,实现低空交通与城市公交、地铁等公共交通的融合。例如,在一些城市的地铁站出口附近,设置了小型的直升机停机坪或无人机配送点,居民可以在地铁站下车后,直接乘坐直升机前往城市的其他区域,或者接收通过无人机配送的货物,不仅提高了居民出行效率,还为城市物流配送提供了新方案,缓解了城市地面交通压力,如图3-6所示。

图3-5 深圳北站国内首个"低空+轨道"空铁联运项目

图3-6 全国首个UAM枢纽——合肥城市空中交通枢纽港

### 3.2.3 能源站

能源站为飞行器提供动力补给的方式,如充电、加氢等,能源站建设对飞行器续航能力和运营产生重要成本的影响,如图3-7所示。

图3-7 无人机能源补给站

(1)充电方式。随着电动低空飞行器的发展,充电成为一种重要的动力补给方式。能源站通过建设充电桩或充电设施,为电动飞行器提供电能。充电方式又可分为有线充电和无线充电两种。有线充电技术相对成熟,通过电缆将能源站与飞行器连接,实现电能的传输。而无线充电则具有更高便利性,飞行器只需停放在特定的无线充电区域,即可通过电磁感应等技术实现无线充电,无须插拔电缆,提高了充电效率和便捷性。

(2)加氢方式。对于以氢燃料电池为动力的低空飞行器,能源站则需要提供加氢服务。加氢站通过专门的设备将氢气压缩并储存,然后在飞行器需要加氢时,将氢气加注到飞行器的氢燃料电池中。氢气作为一种清洁能源,燃烧后只产生水,对环境无污染,因此氢燃料电池飞行器具有广阔的发展前景。

### 3.2.4　紧急备降场地

紧急备降场地用于保障飞行安全,确保在突发情况下飞行器能够安全降落。在低空飞行过程中,由于各种不可预见的因素,如飞行器突发机械故障、遭遇恶劣天气等,可能需要紧急降落。此时,紧急备降场就成为保障飞行员和乘客生命安全的最后一道防线,为飞行器提供了安全降落场所,避免飞行器在没有合适降落地点的情况下,被迫在危险区域降落,降低了飞行事故的风险。例如,在山区等地形复杂区域进行低空飞行时,如果飞行器出现故障,附近紧急备降场可提供安全降落机会,防止飞行器坠毁在山区,造成严重的人员伤亡和财产损失。

(1)选址原则。紧急备降场的选址应综合考虑多种因素。首先,要选择在地势平坦、开阔的区域,避免在山区、河流、居民区等复杂地形或人口密集区域建设,以确保飞行器能够安全降落。其次,选址应具备良好的气象条件,尽量避开经常出现恶劣天气,如强风、暴雨、大雾等的区域;此外,紧急备降场应分布合理,能够覆盖一定的飞行区域,确保在飞行器出现紧急情况时能够在最短时间内找到合适的备降场,例如在低空旅游航线较为集中的区域,应根据航线分布情况,合理规划紧急备降场位置,确保游客安全。

(2)建设标准。紧急备降场建设需要遵循一定标准。其跑道长度和宽度应根据可能降落的飞行器类型和尺寸设计,确保能够满足不同飞行器降落要求;跑道表面应具备良好的摩擦力和承载能力,以保证飞行器在降落过程中稳定和安全;同时,紧急备降场应配备必要导航设施和通信设备,以便飞行器在降落过程中能够准确找到备降场位置,并与地面进行有效通信联系;此外,备降场周边还应设置警示标志,防止无关人员和车辆进入,确保备降场正常使用。

### 3.2.5　停机设施和检修设施

低空飞行器停机和检修设施是保障飞行器安全运行、提升运营效率的核心基础设施,其科学布局直接影响 UAM 系统的可靠性。

现代停机设施需提供全天候防护,通过防风防雨结构减少极端天气对飞行器的侵蚀;其次建立安全防护机制,配备电子围栏和监控设备,防止未经授权的接触;同时采用模块化分区设计,实现分类存放与快速调度,并集成能源补给功能,为电动飞行器设计智能充电接口。

专业化检修设施配备升降平台、无损检测仪等设备,可完成80%以上的日常维保作业。关键设备包括三维激光校准系统、电池健康度检测仪等,可精准诊断动力系统、飞控模块等核心部件状态。

采用环形布局将停机坪、检修车间、充电站组成工作三角,缩短设备转运距离,运用数字孪生技术构建三维管理平台,实时监控设施使用状态,动态分配停机位资源;采用可拆卸式停机坪和移动式检修单元,适应不同规模运营需求;通过精细化设施规划,可构建

10min 快速维保圈,使单日飞行器出动架次提升 3~5 倍。

### 3.2.6 物理基础设施设计与建设

低空经济的蓬勃发展对物理基础设施提出了全新的要求。作为支撑低空飞行器运行的核心载体,物理基础设施需兼顾功能适配性、空间集约性和技术先进性。

1)设计原则与功能定位

设计原则与功能定位需遵循三大原则:

(1)立体化布局。构建"大型枢纽-中型节点-微型终端"三级网络,绍兴市越城区以杭绍甬公铁水空多式联运枢纽为低空物流核心,辅以 TOD 站点与社区智慧终端,形成覆盖全域起降能力。

(2)多场景适配。设施需兼容无人机、eVTOL、直升机等多样化飞行器,如深圳设计的"VOD 复合开发"模式,将起降场与文旅、商务功能融合,实现"一场多能"。

(3)绿色可持续。引入光伏充电坪、氢能补给站等低碳设施,实现能源自给与电网反哺。

2)核心设施类型

(1)起降设施

大型枢纽:配备导航、气象监测、货物装卸等功能,如绍兴鉴水科技城起降场,占地23亩,可停靠载重3.85t 的"大白"祥云 AS700 等机型。

微型终端:集成智能充电柜与自动装卸系统,浙江省在宁波和义务试点推广的"无人机+智能柜"模式,配送效率提升约60%。

特殊场景设施:山区采用可折叠起降平台,城市楼顶部署抗风锚固系统,武汉项目要求防护等级达 IP65 以上以应对恶劣天气。

由于城市用地紧张,要求设施向立体化发展,如湖北汉太金远公司设计的折叠停机坪,通过铰接环+双向螺纹杆机构实现快速收展,折叠后体积减少70%,适配楼顶空间;此外,推广模块化装配技术,如陕西"九天"无人机,机身采用异构蜂巢任务舱设计,支持更换重载舱(空运、物流、勘测等),实现快速部署与功能切换。

(2)能源补给设施

多能源兼容:支持锂电池快充(30min 补能)、液氢加注(−253℃储罐)及可持续航空燃料(SAF)供应,宁德时代 CTC 电池技术将电池包作为机身承力部件,减重15%。

分布式网络:依托现有通信基站共建共享,如中国铁塔提出的5G-A 通感一体化基站复用方案,降低建设成本30%。

氢燃料储罐低温防护与锂电池能量密度不足制约续航能力,如陕西同尘液氢储供系统通过钛合金储罐材料防氢脆,使能量密度提升至1.2kWh/kg。而通过研发石墨烯航空电池与氢锂耦合系统,预计2030年固态电池能量密度突破500Wh/kg。

(3)运维保障设施

智能检修站:配备 AR 辅助维修系统与故障诊断 AI,支持无人机蜂群协同维护。

应急备降点:山区设置 GPS 盲区应急导航信标,配合无人机视觉辅助导航(如双目避障),在 100m 误差范围内引导降落;城市采用区块链存证技术记录 200 + 维度飞行数据,提升事故处理效率 5 倍。

设施需应对极端天气与设备故障,如成都跨境保税专线通过电子围栏动态调整禁飞区,空域利用率保持 78%。通过部署 AI 驱动的空域冲突预警系统,响应时间压缩至 0.8s,并建立 DO-178C 与 ISO26262 融合的适航标准体系。

(4)配套衔接设施

多式联运枢纽:整合高速公路服务区、铁路站点与低空航线,如内蒙古依托服务区建立"30min 配送圈",货物从服务区到市区站点耗时减少 80%。

货物中转仓:采用自动化分拣与温控技术,如京东 JDX20 无人机配备自检测系统,实现 10kg 货物自动称重与冷链监测。

通过"整机 + 器件 + 系统"联动降低成本。如甘肃推动碳纤维材料国产化;浙江引入 5 家整机企业构建产业园区,降低设施建设成本 20%。此外,工信部等四部门印发的《通用航空装备创新应用实施方案(2024—2030 年)》明确将低空设施纳入城市规划;深圳率先制定《低空 5G 通信基站建设要求》,推动设施互联互通。

总之,低空经济物理基础设施的设计与建设需以技术创新为驱动、场景需求为导向、政策标准为保障。随着 eVTOL 商业化与空域管理智能化加速,基础设施将从单一功能向"智慧融合"跃迁,成为支撑万亿级低空经济市场的核心骨架。通过跨域协同与生态共建,我国有望在全球低空经济竞争中树立"基础设施先行"的典范。

## 3.3　空联网

空联网是低空经济的关键信息基础设施,涵盖通信设施、导航设施、监视设施和气象设施等,其核心在于通过数字化手段实现对低空飞行的全面感知、实时监测和精准控制。加强通信基站建设,采用多技术融合的方式扩大信号覆盖范围。研发抗干扰导航技术,结合多种导航手段提高导航可靠性。空联网实现对低空飞行的全面感知、实时监测和精准控制,提高飞行安全性和运营效率,为飞行数据收集、分析和应用提供支持,促进低空经济的智能化发展;推动低空经济与其他产业的融合发展,如与物联网、大数据、人工智能等产业的深度融合。

### 3.3.1　通信设施

(1)5G 技术。在城市低空区域,5G 具有高带宽、低时延特性,适用于无人机进行高清图像传输、实时数据交互等任务,如图 3-8 所示。例如,在城市物流配送中,无人机可通过 5G 网络将货物运输状态、位置信息等快速回传至控制中心,同时接收控制指令,实现高效、精准配送服务。5G 网络的密集组网能力也能满足低空飞行中大量飞行器同时通信的需求。在一些低空旅游项目中,多架无人机组成编队进行表演时,5G 可保障每架无人机之间以及无人机与地面控制站之间稳定的通信连接,确保表演的顺利进行。

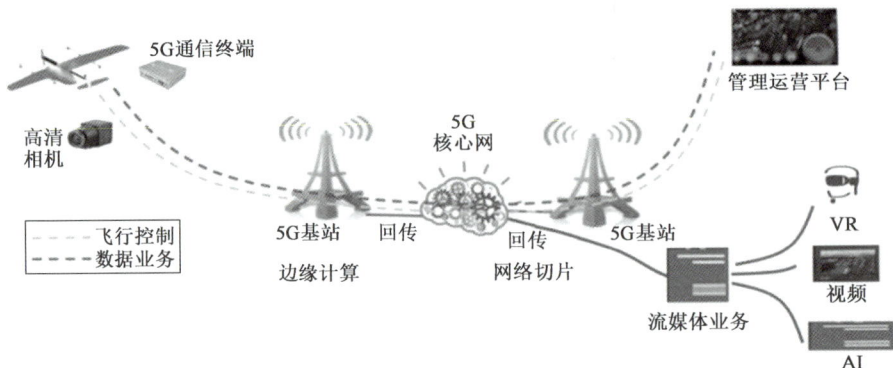

图3-8　5G 网联无人机组网图

（2）卫星通信。对于偏远地区、海洋等地面通信基站无法覆盖区域,卫星通信发挥不可替代作用。在海上石油勘探作业中,用于监测的无人机可借助卫星通信与陆地指挥中心保持通信,实时传输海上气象、设备运行状况等重要信息,保障作业的顺利开展。图 3-9 展示了基于室外 RTK/GNSS 定位系统下的无人机集群协同。

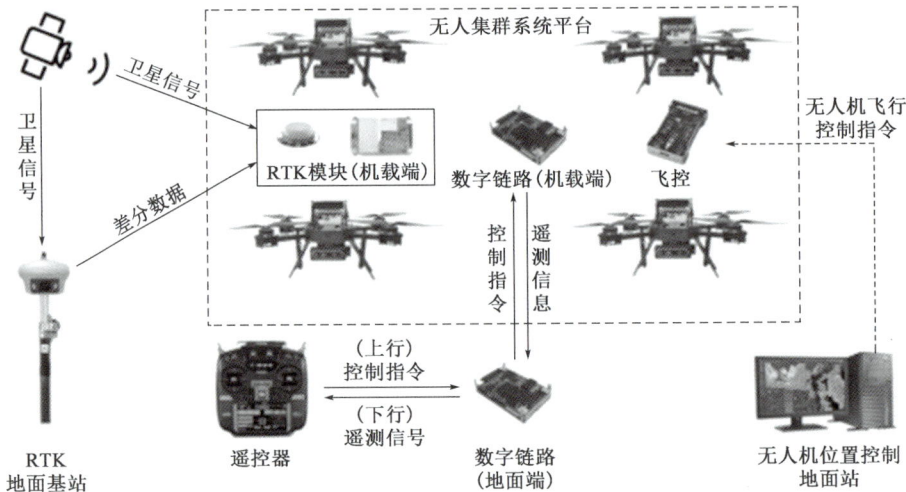

图3-9　基于室外 RTK/GNSS 定位系统下的无人机集群协同（飞思实验室）

卫星通信的广覆盖特性还能为跨区域低空飞行提供持续的通信支持。例如,长途低空旅游飞行或应急救援物资运输,卫星通信可确保飞行器在飞行全程中与地面保持联系。

### 3.3.2　导航设施

（1）北斗卫星导航系统（Beidou Navigation Satellite System, BDS）。具有自主可控特点,在全球范围内提供高精度定位服务。在低空飞行中,北斗导航系统能为飞行器提供精确三维位置信息,包括经度、纬度和高度。对于低空飞行安全和精准控制至关重要,例如在山区等地形复杂区域,高精度导航可帮助飞行器避开山峰等障碍物。

北斗系统还具备短报文通信功能,在通信信号受到干扰或中断时,飞行器可通过北斗短报文向地面控制中心发送紧急求救信息或关键飞行数据,保障飞行安全。图 3-10 为融合北斗导航定位系统的低空导航概念示意图。

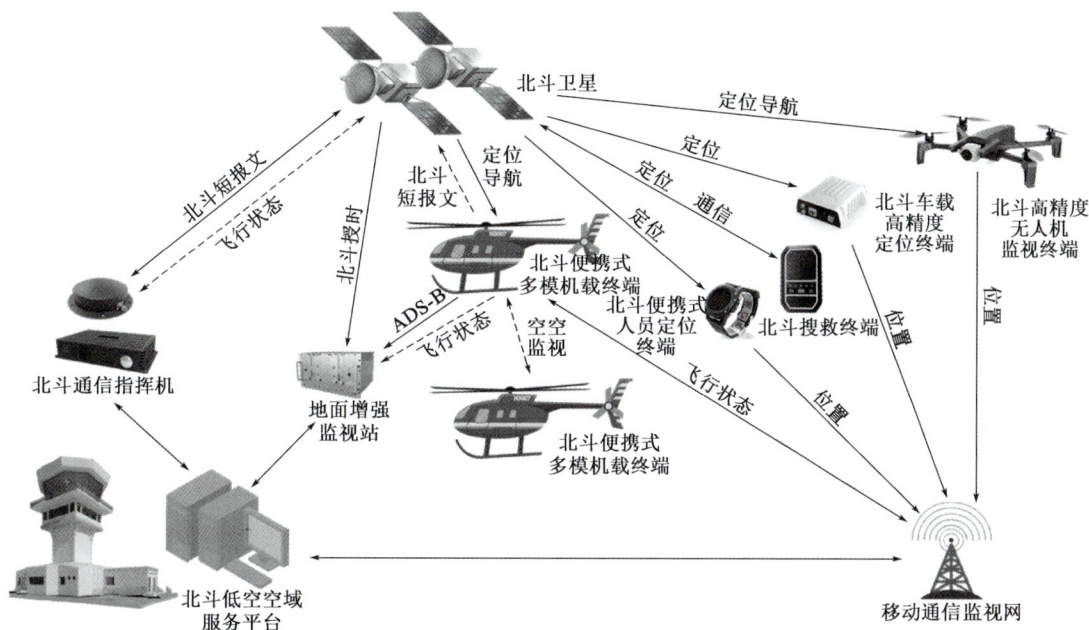

图 3-10 低空导航概念示意图

(2)惯性导航技术。惯性导航系统在短时间内能够提供稳定导航信息,即使在卫星信号受到遮挡时也能继续工作。在城市高楼林立区域,卫星信号容易受遮挡,此时惯性导航可与北斗卫星导航系统相互补充,确保飞行器导航连续性。例如,无人机在城市街道间飞行时,惯性导航可在卫星信号短暂丢失期间维持导航,待卫星信号恢复后再与北斗导航进行数据融合,提高导航精度。

(3)差分定位系统。通过在地面设立基准站,对卫星定位信号进行修正,能够进一步提高定位精度。在低空飞行中,尤其是对导航精度要求极高的任务,如低空测绘、航空摄影等,差分定位系统与北斗卫星导航系统结合,可满足高精度导航需求。

### 3.3.3 监视设施

(1)雷达技术。雷达通过发射电磁波,并接收目标反射回来的回波,检测目标的位置、速度和运动方向等信息。在低空飞行监视中,常用的有脉冲雷达和连续波雷达,脉冲雷达发射周期性的高频脉冲信号,通过测量脉冲发射与接收回波的时间差,确定目标距离;连续波雷达则持续发射电磁波,通过检测回波信号频率变化(多普勒效应)来测量目标的速度。

在机场周边的低空区域,雷达可实时监测进出机场的各类低空飞行器,包括小型飞机、直升机和无人机等,保障机场周边飞行安全。例如,在机场净空保护区内,雷达能够及时发现闯入的无人机,避免其对民航客机起降造成威胁。

在城市低空管理中,雷达可用于监测城市上空的无人机活动,对未经许可的飞行行为进行预警和定位,维护城市空域正常秩序。例如,在大型活动期间,利用雷达对活动现场周边空域进行监控,防止无人机非法闯入,确保活动的安全进行。

(2)卫星监视。利用低轨道卫星搭载的光学和雷达传感器,对大面积低空区域进行监测。卫星能够实时获取低空飞行器位置信息,并通过数据链路将信息传输至地面控制中心。在监测大面积森林火灾时,可实时监测低空灭火无人机的飞行轨迹和作业情况,为指挥中心提供全面的信息支持,提高灭火效率。

卫星监视还可用于跨境低空飞行监测。在边境地区,通过卫星监视可及时发现非法越境低空飞行器,维护国家主权和安全。

(3)光电传感器。包括红外传感器和可见光摄像机等。红外传感器能够通过检测目标物体的红外辐射,发现和跟踪低空飞行器,在夜间或低能见度环境下尤具优势。例如,在夜间对低空飞行无人机监测时,红外传感器可准确捕捉无人机发动机等部位发出的红外信号,实现对其跟踪和定位;可见光摄像机提供直观的图像信息,用于识别低空飞行器的类型和特征,在城市低空管理中,通过安装在高楼顶部的可见光摄像机,可对低空飞行的无人机进行拍照和录像,为执法提供证据。

### 3.3.4　气象设施

气象设施通过获取低空气象数据(如风速、风向、气温、气压等),提供精准的气象信息,保障飞行安全。

(1)风速和风向监测。风速和风向对低空飞行影响巨大。风速过大会影响飞行器的飞行稳定性,甚至导致飞行器失控;风向则决定飞行器的飞行阻力和能耗。通过安装风速仪和风向标等气象设施,实时监测低空区域风速和风向信息,并将这些信息传输给飞行器和地面控制中心。飞行器可根据这些信息调整飞行姿态和速度,确保飞行安全和高效。例如,在低空物流配送中,无人机可根据实时风速和风向信息选择最优飞行路线,节省能源,缩短运输时间。

(2)气温和气压监测。气温和气压的变化影响空气密度,进而影响飞行器升力。在高海拔或气温较低地区,空气密度减小,飞行器需要更大动力来维持飞行。温度计和气压计可实时监测低空气温、气压数据,为飞行器性能计算和飞行计划制订提供重要依据。例如,在山区低空飞行时,飞行器可根据气温和气压数据提前调整发动机功率,以适应不同飞行环境。

(3)气象数据的整合与分析。气象设施收集到的各种低空气象数据,如风速、风向、气温、气压、湿度等,需要进行整合和分析。通过气象数据处理系统综合分析,生成全面、准确的低空气象报告。例如,将不同地点风速数据进行对比分析,可预测气流变化趋势,提前为飞行器提供预警信息。

(4)气象预警与决策支持。基于精准气象数据,建立气象预警系统。当预测到恶劣天气,如强风、暴雨、大雾等可能影响低空飞行安全时,系统及时向飞行器和地面控制中心发出预警。飞行器可根据预警信息采取相应措施,如暂停飞行、改变飞行路线或降落避险。地面控制中心也可根据气象预警调整飞行计划和资源配置,保障低空飞行安全和高效。例如,在气象部门发布强对流天气预警后,低空旅游项目运营方可提前通知游客暂停飞行活动,确保游客生命安全。

## 3.4 航路网

航路网是低空经济航行保障基础设施,主要包括低空数字空域图、数字孪生技术、高精度 3D 地图、知识库和规则库等。其作用在于为低空飞行提供精确导航和规划服务,简化飞行审批流程,提高空域资源利用效率。通过推进空域管理体制改革,建立高效空域协调机制和实时数据更新机制,确保航路网数据准确性和时效性。

### 3.4.1 低空数字空域图

(1)低空数字空域图借助先进的数字化技术,将复杂低空空域以直观、精确方式呈现出来。在低空空域划分方面,通过对地形、障碍物、气象条件以及不同飞行需求等多方面因素的综合考量,进行科学合理区域划分。例如,根据飞行器类型和飞行目的,划分不同飞行高度层、管制区域和非管制区域等,这种数字化划分方式,更加清晰明确,极大地减少了空域使用中的模糊地带。图 3-11 为中科星图股份有限公司低空云平台展示的低空数字空域。

图 3-11　中科星图低空云

在空域管理中,低空数字空域图为管理者提供了实时、准确的空域状态信息。通过与各类传感器和监控系统的连接,管理者可随时掌握空域内飞行器位置、数量、飞行轨迹等动态信息,及时做出科学管理决策,确保空域安全、有序运行。

(2)为飞行器提供清晰空域信息。低空数字空域图是飞行器在低空飞行中的"导航明灯"。它以数字化形式详细标注空域内各种关键信息,如禁飞区、限制区、导航点、机场位置及跑道信息等。飞行器上的导航系统通过与低空数字空域图的数据对接,为飞行员提供直观、准确的飞行指引,使飞行员在飞行过程中清晰地了解自身所处空域环境,提前规划飞行路线,有效避免与其他飞行器或障碍物发生冲突。

(3)绘制过程与技术应用。绘制低空数字空域图是一个复杂而精细的过程,需要运用多种先进技术。首先,高精度地理信息采集技术是基础,通过航空摄影测量、卫星遥感等手段获取详细地形地貌数据。然后利用地理信息系统(GIS)技术对这些数据进行整合、分析和处理,构建出三维地理空间模型。在此基础上,结合空域管理相关规则和标准,将各类空域信息准确地绘制到模型中,形成完整的低空数字空域图。同时为保证数据实时性和准确性,需建立定期数据更新机制,及时反映空域变化情况,如新建建筑物、临时活动限制区域等。

### 3.4.2　数字孪生技术

(1)虚拟仿真助力空域规划优化。数字孪生技术在低空航路网建设中发挥着独特作用。通过构建与现实空域完全对应的虚拟模型,对空域规划进行全方位模拟和分析。进行新的空域规划方案设计时,利用数字孪生模型,模拟不同飞行流量、飞行规则和飞行器类型组合下的空域运行情况。例如,通过模拟在特定区域增加一条低空航线,该区域内飞行器的飞行冲突概率、平均飞行延误时间等指标,评估该规划方案可行性和优劣程度。这种虚拟仿真方式在实际实施前发现潜在问题,对规划方案进行优化调整,大大提高了空域规划科学性和合理性。

(2)飞行任务调度的智能优化。在飞行任务调度方面,数字孪生技术同样展现出强大的优势。它可以实时获取飞行器的位置、状态、飞行计划等信息,并将这些信息同步到虚拟模型中。通过对虚拟模型中飞行器运行情况的实时监测和分析,结合先进的算法和优化策略,能够实现飞行任务调度的智能优化。例如,当遇到恶劣天气或突发情况导致部分空域临时关闭时,数字孪生系统可以迅速根据实时数据重新规划飞行器的飞行路线,调整飞行任务顺序,确保飞行任务的顺利完成,同时最大限度地减少对整个空域运行的影响。

### 3.4.3　高精度3D地图

(1)复杂环境下飞行导航。低空飞行中经常会遇到各种复杂环境,如山区、城市高楼密集区等,3D地图以其高精度的三维呈现方式,为复杂环境下飞行导航提供有力支持,它能够清晰地展示地形起伏变化,精确标注出建筑物、高压线等障碍物的位置和高度信息。飞行员通过飞行器上的3D地图显示设备,直观地了解前方飞行路径的地形和障碍物情况,提前做出规避动作,确保飞行安全。例如,在山区飞行时,3D地图能够实时显示山峰高度和坡度,帮助飞行员选择合适飞行高度和路线,避免发生撞山事故。

(2)高精度3D地图构建。构建高精度的3D地图需要多种技术的融合,激光雷达技术是其关键,通过发射激光束,并测量反射光的时间获取物体距离信息,构建高精度三维点云模型(图3-12),结合航空摄影测量,利用相机拍摄大量地面图像,通过图像匹配和三维重建算法,丰富和细化3D地图纹理和细节信息(图3-13)。此外,运用地理信息系统(GIS)对采集的数据进行整合和管理,建立起统一的3D地图数据库。为保证3D地图实时性和准确性,需不断更新数据,尤其是在城市建设快速发展、地形地貌发生变化的区域。

图3-12　激光雷达三维点云模型

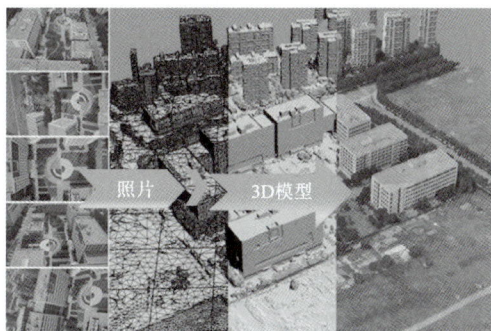

图3-13　倾斜摄影测量三维建模

(3)3D地图在低空航路网中的应用。除为飞行器提供导航服务,3D地图在低空航路网中还有着广泛的应用。例如,在低空应急救援中,救援人员可通过3D地图快速了解事故现场及周边地形和环境,制定最佳救援路线和方案;在低空旅游中,游客借助3D地图欣赏飞行途中美景,增加旅游体验的趣味性和吸引力;同时,3D地图也为低空物流配送、农林植保等低空经济活动提供地理信息支持,并帮助相关企业优化作业流程,提高工作效率。

### 3.4.4　知识库和规则库

(1)飞行操作标准化指导。知识库和规则库是低空航路网建设不可或缺的组成部分,为飞行操作提供全面、标准化的指导和规范。知识库中包含丰富的飞行知识,如飞行规则、气象知识、飞行器性能参数、导航原理等,是飞行员飞行操作的基础,通过系统学习,飞行员能够在不同飞行条件下做出正确决策;规则库则主要涵盖各类飞行相关的规章制度和操作流程,包括飞行审批程序、空域使用规则、安全管理规定等。无论是飞行员、空中交通管制员,还是其他相关人员,必须严格遵循规则库中的规定进行操作,确保飞行活动安全、有序进行。

(2)飞行审批。在飞行审批过程中,知识库和规则库发挥着重要的审核和指导作用。当飞行员提交飞行计划时,审批系统会根据规则库中的相关规定,对飞行计划的各个环节进行审核,包括飞行路线是否符合空域使用规则、飞行时间是否合理、飞行器的性能是否满足任务要求等。同时,知识库中的气象知识等信息也会被用于评估飞行计划在不同气象条件下的可行性。如果飞行计划存在不符合规定或不合理的地方,审批系统会依据知识库和规则库中的内容,给出明确的提示和建议,要求飞行员修改和完善,从而提高飞行审批的效率和准确性,保障空域的安全使用。

(3)飞行安全管理。飞行安全管理方面,知识库和规则库是保障飞行安全的重要防线,通过严格执行飞行规则和安全管理规定,预防和减少飞行事故。例如,规则库中明确规定飞行器之间的最小安全间隔距离,飞行员在飞行过程中必须严格遵守,避免发生碰撞事故。同时,知识库中气象知识可帮助飞行员提前了解天气变化情况,做好应对恶劣天气准备,遇到强风、暴雨等恶劣天气,根据相关规定选择合适应对措施,确保飞行安全。此外,对知识库和规则库的不断更新和完善,及时适应低空航路网发展过程中出现的新情况、新问题,进一步提升飞行安全管理水平。

(4)知识库和规则库的构建与更新。构建知识库和规则库是一个系统而长期的工程。需要汇聚航空领域的专家知识、行业标准、法规政策以及大量实际飞行数据等多方面信息。构建过程中,要运用知识图谱、数据库管理等技术,对这些信息进行整理、分类和存储,建立起高效、便捷的知识查询和应用系统。同时,为保证知识库和规则库的时效性和实用性,必须建立定期更新机制。随着航空技术不断发展、法规政策调整以及飞行实践经验的积累,及时将新知识和规则纳入库中,删除或修改过时内容,确保其始终能为低空飞行活动提供准确、有效指导。

## 3.5 服务网

服务网是低空经济数字化管服系统和综合监管平台,主要包括低空监控系统、低空飞行服务系统和低空飞行管控系统,三系统之间的关系如图 3-14 所示。其目标是以客户为导向,提供一站式飞行服务,同时满足监管安全与企业飞行需求。需要制定统一服务标准和规范,加强服务质量监管和评估;建立数据共享平台,打破信息壁垒,促进数据流通和协同工作。

### 3.5.1 低空监控系统

如图 3-15 所示,低空监控系统通过对低空飞行活动的实时监控,掌握飞行状态、位置、速度等信息,保障飞行安全。

(1)实时监控功能。低空监控系统实现对低空飞行活动的实时监控。通过部署先进传感器技术、雷达设备以及卫星定位系统等,精准获取飞行状态、位置、速度等关键信息。这些信息的实时收集与反馈,如同为监管者装上了"千里眼",时刻掌握低空飞行动态,为保障飞行安全提供基础数据支撑。例如,在复杂低空飞行环境中,实时监控系统能够及时发现飞行器之间潜在碰撞风险,通过预警机制向相关飞行器发出警报,引导其采取合理避让措施。

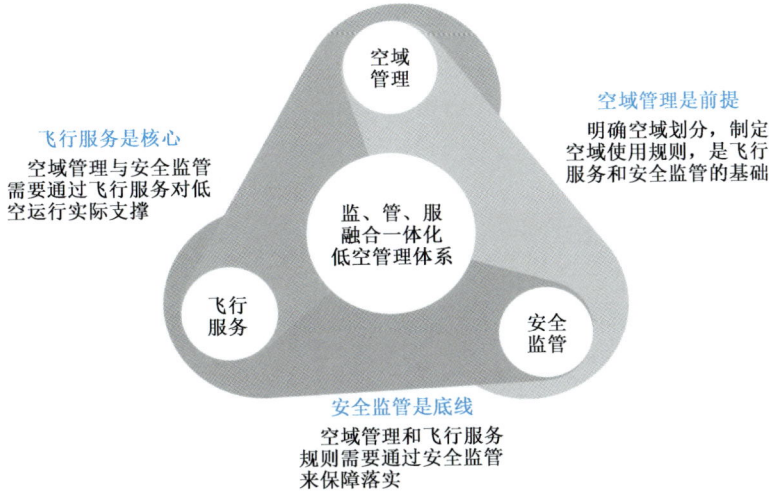

图 3-14　服务网实现飞行管理、服务、监管一体化

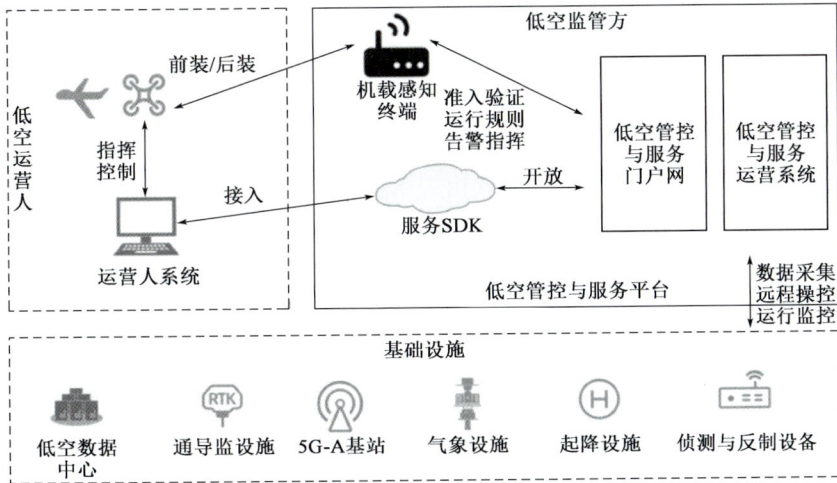

图 3-15　低空监控系统组成图

（2）技术实现手段。为实现高精度实时监控,需要综合运用多种技术。一方面,采用高精度全球卫星导航系统(GNSS),如北斗卫星导航系统,为飞行器提供准确位置信息,其定位精度高、覆盖范围广,另一方面,利用毫米波雷达技术,在复杂气象条件下,如雾天、雨天等,准确探测飞行器位置、速度和方向等参数;同时,结合先进图像识别技术,通过安装在地面基站或飞行器上的摄像头,对飞行区域进行实时图像采集与分析,辅助判断飞行器状态和周围环境情况。

（3）数据处理与传输。对采集到的大量飞行数据,进行高效处理与快速传输。运用大数据分析技术和云计算平台,对实时监控数据进行筛选、分类、分析和存储。通过建立飞行数据模型,快速识别异常飞行行为,如飞行器突然偏离预定航线、速度异常变化等。通过高速、稳定的通信网络,如 5G 通信技术,实现监控数据实时、低延迟传输,确保监控中心及时获取最新飞行信息,做出准确决策。

### 3.5.2 低空飞行服务系统

如图3-16所示,低空飞行服务系统提供飞行计划申报、飞行计划制订、气象信息服务、航空情报服务等一站式全流程服务。

图3-16 低空飞行服务系统界面示意

(1)在飞行计划申报阶段,飞行员或相关企业可通过专门服务平台,在线提交飞行计划申请,包括飞行起始点、目的地、飞行高度、预计飞行时间等详细信息,系统接收到申请后,会自动进行初步审核,并将审核结果及时反馈给申请人。

(2)借助先进算法和专业飞行规划软件,根据申请人提供的信息,结合实时气象数据、空域使用情况以及机场运行状况等,生成最为合理的飞行计划方案。该方案考虑飞行安全性,兼顾飞行效率和成本因素。例如,在气象条件不佳情况下,系统会自动调整飞行高度或航线,避开恶劣天气区域,确保飞行顺利进行。

(3)系统实时收集气象数据,包括气温、气压、风速、风向、降水等信息,并通过专业气象分析模型,为飞行员提供准确天气预报和气象预警。航空情报服务涵盖机场跑道信息、导航设施状况、空域限制等内容。飞行员在飞行前和飞行过程中,可随时获取这些信息,并做好充分飞行准备,应对各种突发情况。

### 3.5.3 低空飞行管控系统

通过数字化手段,低空飞行管控系统实现对低空飞行活动的统筹、协调、管理和分配。

(1)数字化统筹管理。利用先进信息技术和管理系统,对空域资源进行合理规划和分配,避免不同飞行器在同一空域出现冲突。例如,根据不同类型飞行器的飞行特点和需求,将低空划分为不同飞行区域,对每个区域飞行活动进行严格管控和调度。

（2）协调与应急处理。在飞行过程中,难免会出现各种突发情况,如飞行器故障、恶劣天气导致的临时航线变更等。低空飞行管控系统能够迅速协调各方资源,及时处理这些突发情况。当飞行器出现故障时,系统会立即启动应急预案,为其安排最近的合适机场进行紧急降落,并协调相关救援力量做好准备工作。同时,系统还会及时通知其他飞行器,调整飞行计划,确保整个空域飞行安全。

（3）与其他系统的协同。低空飞行管控系统并非孤立运行,而是与低空监控系统和低空飞行服务系统紧密协同。与低空监控系统协同,实时获取飞行器的实际飞行状态信息,以便对飞行管控策略进行及时调整;与低空飞行服务系统协同,根据飞行计划变更情况,及时为飞行员提供最新服务支持,如重新规划飞行路线、提供新气象信息等。

### 3.5.4　综合监管服务平台

综合监管服务平台为政府和企业提供飞行数据支持,优化飞行服务。

（1）数据支持与服务优化

政府部门可通过该平台获取全面低空飞行数据,包括飞行活动统计分析、安全事故调查数据等,为制定相关政策和法规提供科学依据。企业则可利用平台提供的数据,对自身飞行运营情况进行评估和分析,优化飞行服务流程,提高运营效率。例如,企业通过分析飞行数据,发现某些航线利用率较低,据此调整飞行计划,降低运营成本。

（2）监管功能实现

在监管方面,平台通过对各系统数据整合与分析,实现对低空飞行活动的全面监管。实时监测飞行器是否遵守相关飞行规则和安全标准,如是否在规定空域内飞行、是否按照预定航线飞行等。对于违规行为,平台能够及时发出警报,并提供详细违规信息,协助监管部门进行处理。同时,平台还建立了飞行安全评估机制,定期对低空飞行活动的安全性进行评估,提出改进建议,促进整个低空经济市场安全、健康发展。

（3）信息共享与产业促进

综合监管服务平台打破了信息壁垒,促进了政府、企业、科研机构等各方之间信息共享与交流。通过共享飞行数据和行业信息,吸引更多企业和用户参与低空经济活动,推动低空经济产业发展。例如,科研机构利用平台的飞行数据,开展相关科研,研发更先进的飞行技术和设备,进一步提升低空飞行安全性和效率。

低空基础设施的构建是低空产业发展的基石,"四网协同"模式(设施网、空联网、航路网、服务网)已成为我国低空经济布局的核心框架。其中设施网是物理载体的基础支撑,空联网是信息互联的神经中枢,航路网是空域管理的智能脉络,服务网是监管与运营的协同平台。作为信息基础设施,其投资占比与设施网接近,如2025年5月,中国联通等承担黄埔区低空飞行基础设施新基建项目,建设低空飞行信息化基础设施,包括5G＋北斗高精度定位基站、无人机起降场及数据中心;开发空域管理平台,支持飞行器电子围栏设定、流量监控及突发事件应急响应,服务黄埔区物流、巡检及城市管理领域,中标金额为 7590.3 万元,随 6G 技术突破及卫星互联网发展,未来占比可能进一步提升。目前,低空基础设施"四网"的占比以设施网和空联网为主导(合计 10% ~ 20%),航路网与服务网作为辅助支撑体系,占比虽小,但不可或缺。

## 3.6 本章小结

本章围绕低空飞行基础设施体系,首先从功能维度定义低空基础设施的核心构成,即以设施网为物理载体、空联网为信息纽带、航路网为运行骨架、服务网为智慧中枢的融合网络。通过设施网解析起降场、能源补给站等地面节点的布局原则;空联网重点剖析 5G 通信、北斗导航与低空智联网的集成技术,支撑飞行器实时动态感知;航路网则从三维空间规划视角探讨分层航路设计及动态调配机制;服务网聚焦飞行数据平台、气象预警及应急响应等数字化服务生态。揭示基础设施网络"硬支撑"与"软服务"的耦合关系,强调其在保障低空飞行安全、提升运行效率中的系统性作用,为后续理解低空经济产业链及应用场景奠定工程认知基础。

# 第4章 低空经济产业链

低空经济是以 300m 以下空域(国际通用标准)为载体的三维立体经济形态,其本质是通过航空器与数字技术的深度融合,实现空域资源的高效开发利用。与传统民航运输不同,低空经济的飞行器以中小型无人机、eVTOL、轻型运动飞机为主体,具有高频次、短距离、智能化特征。这种新型经济形态打破了陆域经济二维平面的限制,使城市上空 100～300m 的"黄金空层"成为继土地、海洋之后的重要战略资源。低空产业链是指围绕低空空域资源开发与利用所形成的综合性产业体系,涵盖从基础设施、技术研发、载具制造到运营服务、管理调控的全链条经济活动,是低空经济的核心载体。低空经济是涵盖政策、技术、产业、应用场景的综合性经济形态,源于技术突破、生产要素创新配置和产业的深度转型升级,是空天时代竞争的关键环节和新质生产力的新领域,低空产业为低空经济提供物质基础,低空经济则通过政策引导和市场驱动促进产业发展。低空经济赋能新质生产力,低空产业是低空经济的物质载体,低空产业链是人类从地面向立体空间拓展的产业革命,将重构城市交通、物流网络与公共服务模式,因此,低空技术与工程需融合航空航天、电子通信、计算机科学、交通工程、政策法规等多学科知识,属于交叉工程类专业。

## 4.1 低空经济赋能新质生产力

生产力是推动社会进步的最活跃、最革命的要素,社会主义的根本任务就是解放和发展生产力,党的二十大强调"科技是第一生产力、人才是第一资源、创新是第一动力"。2024 年,"低空经济"被视作新增长引擎和加快形成新质生产力的重要抓手,首次写入政府工作报告。"新质生产力"的起点是"新",关键在"质",落脚于"生产力",低空经济作为新型交通产业,源于技术突破、生产要素创新配置和产业的深度转型升级,成为空天时代竞争的关键环节和新质生产力的新领域。对低空空域这一未被充分开发的自然资源的转化运用,已经广泛渗透于第一、二、三产业,在促进经济增长、加强社会保障、服务国防等方面发挥着关键作用,是推动多领域协调发展的综合经济形态(图4-1)。当前,低空经济的崛起,反映了数字技术广泛应用和数字化应用场景不断涌现,也体现了空域中数字技术革命所带来的生产力跃升。

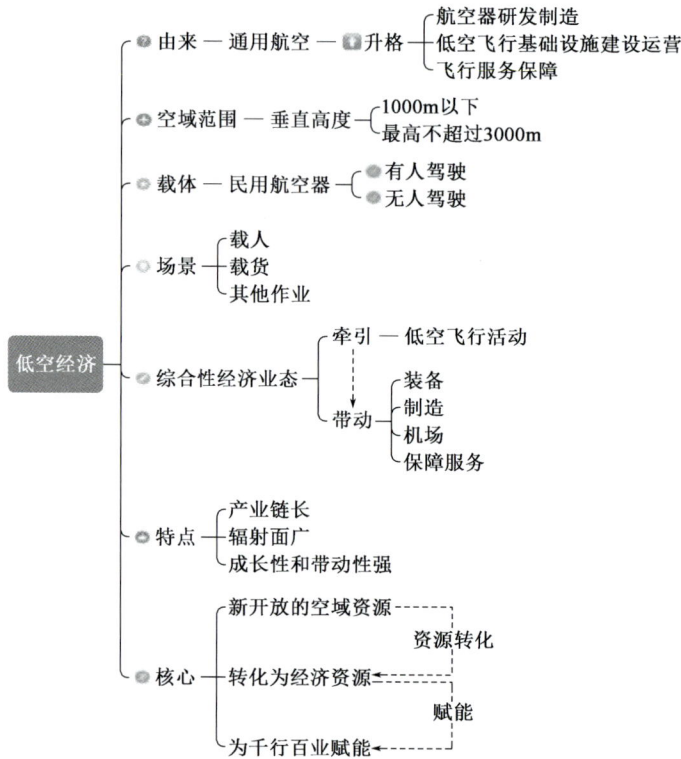

**图4-1　低空经济赋能新质生产力**

### 4.1.1　低空经济的发展经历

低空经济的基本特征:广泛性、立体性、融合性、局地性。如图4-2所示,低空经济的发展经历了四个阶段:2011年以前,为低空开放做初步准备,在部分地区进行试点;2011—2016年为推广阶段,在全国扩大试点;2016—2021年是深化阶段,完善低空空域管理体制;2021年至今为应用普及阶段,政府高度重视、技术不断革新推动低空经济发展。

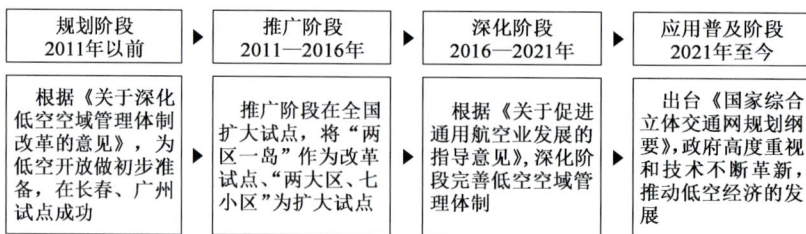

**图4-2　低空经济发展四个阶段**

### 4.1.2　低空经济横跨第一、二、三产业

低空经济的核心是"飞行器 + 各种产业形态"的融合,融合农业生产(第一产业)、制造技术(第二产业)与航空服务(第三产业),横跨第一、二、三产业,打造全新产业链,贡献"中国智造方案",促进自主创新,构建现代化产业体系,推动区域协调发展与绿色发展(图4-3)。

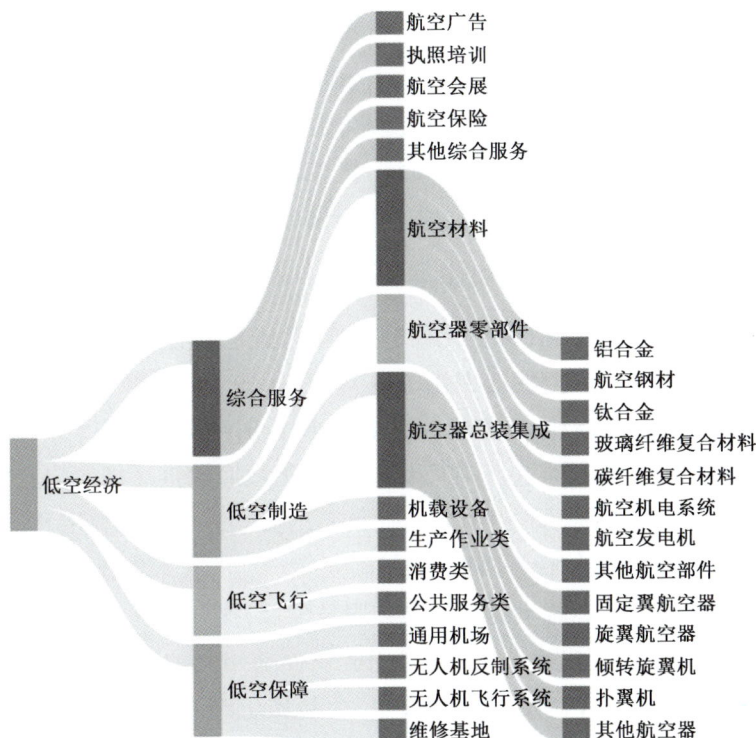

图 4-3　低空经济打造全新产业链

低空经济是以各种无人驾驶和有人驾驶航行器的各类低空飞行活动作为牵引,影响并带动相关领域融合发展的综合性经济形态。低空经济助力各行各业的发展,并创造全新的航空经济价值,成为经济增长新的重要动力。低空经济作为知识密集型产业,其从业人员服务于航空器制造、低空飞行、保障和服务等领域,且大多是高技术管理型、高技术应用型、高技术研发型人才;此外,低空经济劳动对象种类繁多,广泛应用于农业、服务业、手工业等,除有形的企业、个人、政府等,还涵盖空域、数据等无形劳动对象,并通过不断地革新和发展,激发出更强大的生产力。

### 4.1.3　低空经济赋能新质生产力

新质生产力是当代先进生产力,以劳动者、劳动对象、劳动资料及其优化组合的质变为主体,通过优化生产要素创新配置、技术革命性突破、产业深度转型升级,推动全要素生产率高速发展,国家明确将低空经济定义为"新质生产力代表"。加速发展新质生产

力,加快传统产业数字化转型,以创新为引领,推动战略性新兴产业的成长,培育未来的产业,为增强中国产业链竞争力提供坚实支撑,并为经济高质量发展打下牢固基础。

(1)低空经济贡献"中国智造方案"。低空经济的核心是"飞行器+各种产业形态"的融合,为千行百业发展带来可实现的想象空间。低空经济产业作为新型战略性产业的代表之一,加速推动了新质生产力发展,新质生产力的发展又促进低空经济向更高一层的专业化和价值链高端延伸,为全面建设社会主义现代化国家贡献"中国智造方案"。

(2)低空经济赋能国民经济发展新动力。在城市土地资源日益紧张的背景下,低空经济利用三维空间资源,为经济社会发展提供新的动能和空间。

新质生产力的发展离不开对战略性新兴产业、未来产业的积极促进和壮大,低空经济的发展更是将科技创新成果应用到航空领域,并与其他产业相融合,推动科技成果进一步转化为现实生产力,促进新质生产力,为国民经济发展提供新动力。

### 4.1.4 低空经济引领绿色可持续发展

(1)低空经济通过采用智能化、绿色化新型飞行器,推动环保材料和能源的使用,促进劳动资料绿色化,为新质生产力发展提供绿色基础。此外,低空经济合理利用空域资源,通过低空飞行器减少能源消耗,提高资源利用率,降低对环境的影响。

(2)低空经济利用低空飞行器进行实时生态监测,为政府提供详细数据支持,帮助制定针对性的环境政策和措施。此外,运用无人机和遥感技术进行土地利用和地表覆盖监测,快速处理数据,构建生态环境保护模式,推动新质生产力的技术创新发展。

(3)低空经济通过技术创新推动绿色产品和服务发展,提升传统产业资源利用效率。此外,低空经济提供环保、低碳出行方式,为人们提供便捷出行的新选择。同时,低空经济促进共享经济发展,为绿色经济提供新增长点,为新质生产力的新兴产业发展提供坚实基础。

## 4.2 低空产业是低空经济的物质载体

低空产业指围绕低空空域资源开发形成各类经济活动所依赖的产业体系,是低空经济的物质载体。产业链由主体和结构构成,主体是指产业链中的"节点",是作为市场主体的企业,也可指一个国家或地区;结构是指产业链中各主体之间的关系,既包括上下游产业间的纵向合作关系,也包括反映产业链参与主体空间属性的空间布局关系。因此,提升低空经济产业链发展水平需从主体和结构两方面着手。具体来看,低空经济产业链的上游涉及核心零部件、核心系统及原材料等领域,代表性企业如德赛电池、航材股份、航新科技等;中游包括低空制造、低空飞行、低空保障和综合服务等,代表性企业如大疆、北大荒、航发动力等;下游则包括不同的应用场景,涉及旅游、物流、文旅和巡检等行业。低空经济产业链覆盖企业数量众多,例如物流公司、通用航空企业、建筑承包商,乃至民航相关管理机构(图 4-4),其核心是为低空飞行活动提供技术、设备、服务和基础设施支持,涵盖制造端、飞行端、保障端和综合服务端四大领域。

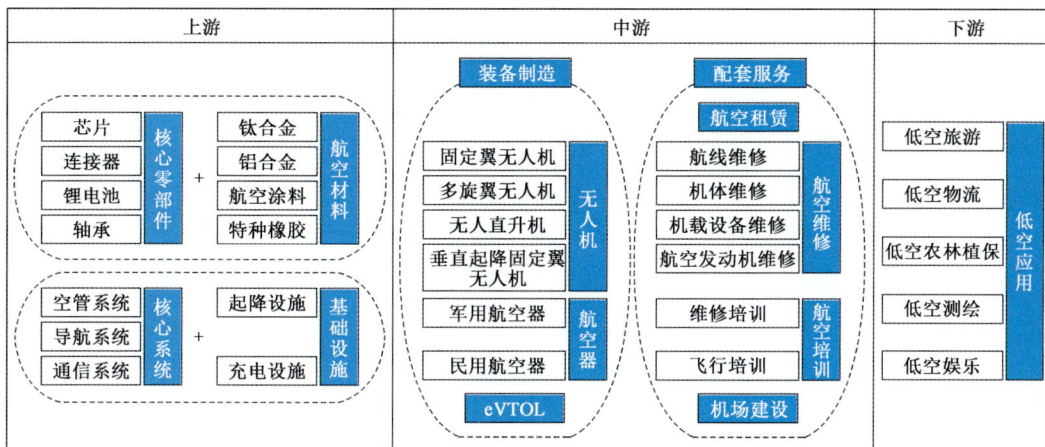

图 4-4　低空经济产业链

### 4.2.1　航空器制造端

作为低空经济的核心环节,航空器制造端涵盖无人机、eVTOL、直升机、飞行汽车等航空器的研发与生产,航空材料、航电系统等关键技术领域和核心部件(如电池、传感器、导航设备)。

我国低空制造业已形成以长三角、粤港澳大湾区、成渝、京津冀为核心的产业集群。如安徽芜湖依托中电科钻石飞机,聚集 200 余家企业,建成涵盖整机制造、航电系统、螺旋桨等全产业链的航空产业园,实现了"不出芜湖即可生产一架通航飞机";山东青岛、东营是无人驾驶航空试验区,eVTOL 整机制造企业数量居全国前列;四川拥有中航无人机、腾盾科技等企业,2025 年计划通过 30 亿元专项基金支持低空制造,推动"四川造"产品覆盖全谱系无人机及 eVTOL。

2024 年,我国无人机实名登记量达 198.7 万架,大疆、顺丰丰翼等企业占据全球消费级与工业级无人机市场主导地位;涵盖多旋翼、复合翼、倾转旋翼机型,亿航智能、小鹏汇天等企业完成多机型试飞,峰飞航空 V2000CG 获全球首张吨级 eVTOL 适航证;动力电池、飞控系统、高精度传感器等关键技术逐步实现国产,如宁德时代投资峰飞航空,开发高能量密度航空电池,但也存在碳纤维、钛合金等轻量化航空材料依赖进口,主控芯片、激光雷达等仍需依赖国际供应商,制约产业链自主可控等问题。

### 4.2.2　飞行端

飞行端涉及低空飞行活动的具体运营,我国低空产业链"飞行端"已从技术验证迈向规模化应用阶段。飞行端涵盖低空飞行器的实际运营场景,包括物流配送、农业植保、应急救援、载人交通等,其技术成熟度与商业模式创新直接影响低空经济的商业化进程。

2025 年,我国低空经济规模预计突破 1.5 万亿元,其中飞行端贡献超 60% 的市场价值。

飞行端的技术核心包括飞行器本体、导航系统、通信网络与智能调度平台。无人机采用轻量化与模块化设计(如大疆 T70 农业无人机搭载激光雷达,显著提升作业效率),eVTOL 着重垂直起降与长航程能力(如峰飞航空 V1500M "盛世龙" 实现 250km 航程,计划于 2025 年投入商业运营)。依托 "北斗 + 5G" 实现厘米级定位,深圳供电局通过无人机机巢实现 "足不出户" 巡检,单次覆盖 5km 线路,节省人工时间 80%;亿航智能的 UAM 管理平台支持广州生物岛常态化无人机物流航线,实现多机协同与动态路径规划。

长三角苏州依托盛泽湖全空间无人体系示范岛,推动齐飞航空 W280 载人 eVTOL 总装下线,瞄准超大城市群交通需求(2.8t 载重、280km 航程),并可在楼宇间垂直起降,通过 "闭环飞行场景" 设计,将 eVTOL 融入城市交通网络,W280 机型噪声低于 50dB;四川天府新区对低空航线运营提供最高 500 万元补贴,医疗应急航线每架次补贴 200 元,并加速飞行端商业化验证;美团无人机通过深圳智慧物流网络,日均订单超 1.2 万单,顺丰丰翼在大湾区实现常态化运输,构建 "无人机 + 无人仓" 全自动配送体系。

国家和各级政府在支持适航认证、载人航线、物流配送航线、参与有关标准制定等方面给予政策激励,支持混合动力创新、智能化升级等技术突破,并推进基础设施共建与跨行业融合等工作。湖南、江西开展空域开放试点,为飞行端提供试验场,允许 300m 以下空域自由飞行。低空旅游、私人飞行俱乐部等新兴模式吸引用户消费,但也存在续航能力、安全与空域管理、起降设施不足,产业链短板、商业模式单一等瓶颈问题。

### 4.2.3  保障端

低空保障端建设是低空经济从 "试验场" 迈向 "主战场" 的关键,是飞行器安全运行的 "生命线",是低空经济安全高效运行的基石。保障端包括低空空域管理系统、通用机场、无人机起降点、飞行服务站、通信网络(如 5G + 北斗)等基础设施的建设和运维以及反制非法飞行的技术设备,我国有望在 2030 年前建成全球领先的低空保障体系。

低空保障端也是低空资源高效利用的 "催化剂",当前我国已初步形成 "五网融合" 架构,但仍面临基础设施布局不均、技术标准不统一、反制能力不足等挑战,需加强顶层规划、技术创新与生态共建,构建覆盖全域、智能协同的低空保障体系。

我国低空空域管理正经历从 "静态管制" 向 "动态开放" 的转型。需整合基础设施网、空中航路网、通信导航网、空域管理网与低空服务网,构建全域覆盖的智能管理体系。然而,我国通用机场数量仅为美国的 11%,并呈现 "东密西疏" 的分布特征,难以支撑西部地区的应急救援与资源勘探需求;中国移动构建 "低空通信网、导航网、感知网" 三网融合体系,中国电信推出通感算一体化平台,实现无人机超视距飞控与实时数据回传,北斗高精度定位与 5G 通感一体化技术的结合,使无人机定位精度达到厘米级,显著提升了城市密集区的飞行安全。同时,针对 "黑飞" 无人机的威胁,我国已形成激光反制系统、无线电诱骗技术、多传感器融合防御的多层次的防御体系,可识别伪装为鸟类的微型无人机集群,如西安知语云激光反制系统实现97.6%拦截率。

6G网络将实现空天地一体化通信,量子雷达技术可提升反制系统的探测精度至毫米级,构建"无盲区"低空防护网;通过共享通信基站与公路服务区,有望在2035年前建成5000个通用机场与10万个无人机起降点,形成"县县通航、镇镇起降"的普惠型网络,低空防御将整合激光、电磁、AI预警等技术,形成"侦测-评估-拦截-溯源"四维体系。

### 4.2.4 综合服务端

低空经济综合服务端是连接制造端、飞行端与保障端的核心枢纽。低空产业综合服务端是低空经济运行的中枢系统,其核心功能涵盖飞行管理服务、基础设施支撑、数据智能交互与产业生态协同四大模块。实现空域动态划设、航线规划、实时监控与应急响应;满足"能飞尽飞"的规模化需求,涵盖通用机场、起降平台、通信导航设施及能源补给站点的基础设施网络;整合空域信息、气象数据与城市交通模型,构建数字孪生试验场,优化飞行规则的数据融合平台;推动产业链上下游协作与政策联动的立体交通网络协同机制。

要求智能飞行管理平台具备高精度定位、动态管控、数字孪生和仿真验证能力;优化物理设施布局,构建低空智联网,完善信息基础设施体系,确保无人机"飞得起、呼得着、管得住";在UAM方面,实现无人机物流配送,载人eVTOL商业化;低空产业综合服务端是低空经济从"试点探索"迈向"全域互联"的核心引擎。

## 4.3 低空产业领域的知识与能力要求

低空产业是低空经济的物质载体,低空产业领域对人才的知识与能力有相应要求。如表4-1所示,从低空经济飞行空间中的地面基础设施和地面通信系统建设,飞行器的关键原材料、元器件和相关系统,低空保障、低空飞行器整机制造,到低空服务和应用场景,除应用场景在下一章单独介绍外,本节将逐一对此进行分析。

低空技术与工程服务领域　　　　　　　　　　表4-1

| 领域 | 环节 | | | | | |
|---|---|---|---|---|---|---|
| | 上游:低空基建及飞行器零部件 | | 中游:通航服务及装备制造 | 下游:飞行器服务及飞行应用场景 | | |
| 飞行空间 | 地面基础设施 | 通用机场建设、无人机起降平台、飞行场地、新能源航空器能源基础设施、安全保卫设施、空中交通管制设施 | 低空保障 | 低空服务 | 低空供能 | 航空燃油、充电桩 |
| | | | 地面保障服务空中保障服务适航审定检验检测服务 | | 航空维修 | 航线维护、机体大修、发动机维修、机载设备维修 |
| | 地面通信系统 | 低空网络设施、低空数据设施、低空监管设施 | | | 飞行培训 | 维修培训、飞行培训 |
| | | | | | 航空租赁 | 飞行器租赁、机队服务 |

| 领域 | 环节 | | | | |
|---|---|---|---|---|---|
| | | 上游:低空基建及飞行器零部件 | 中游:通航服务及装备制造 | 下游:飞行器服务及飞行应用场景 | |
| 飞行器 | 关键材料 | 铝合金、碳纤维、复合材料等、动力系统材料、燃料电池材料 | 低空飞行器整机制造 | 无人机、飞行汽车、eVTOL、直升机、轻型固定翼飞机 | 应用场景 | 低空经济+物流<br>低空经济+交通<br>低空经济+农业<br>低空经济+旅游<br>低空经济+消防<br>低空经济+安防<br>低空经济+应急<br>低空经济+体育<br>低空经济+影视<br>…… |
| | 元器件 | 航空继电器、发动机点火器、电路保护电器、航空接触器 | | | |
| | 动力系统 | 中小型航空发动机 | | | |
| | 机载系统 | 机载感知系统、机载通信导航系统 | | | |
| | 飞控系统 | 自动飞行控制系统、无人驾驶飞控系统 | | | |
| | 抗干扰系统 | | | | |

### 4.3.1 地面基础设施

低空地面基础设施包括通用机场建设、无人机起降平台、飞行场地、新能源航空器能源基础设施、安全保卫设施、空中交通管制设施的建设与维护。截至 2024 年,全国已建成通用机场 449 个,并加速布局无人机起降点,充电站、维修中心、测试场等设施需求增长。资料表明,预计 2025 年低空地面基础设施市场份额预计占低空经济总规模的 5% ~ 10%(750 亿 ~ 1500 亿元),投资规模约 2000 亿元(占低空基建的 60%),预计 2030 年新增 1600 个通用机场。

(1)起降场与通用机场。按规模划分,可分为小型起降点(如无人机临时起降坪)、中型起降平台(适合直升机或 eVTOL)和大型起降场(集成机库、候机区、调度中心等)。2024 年,中国民用机场协会发布首部 eVTOL 起降场建设标准的技术规范,明确了安全距离、地面标识、应急通道等技术要求。例如,深圳"湾区之翼"起降场是全国首个城市内载人飞行器专用起降场,配备 30m 直径起降坪及配套服务设施,日均支持 40 ~ 50 架次飞行;广东省提出,到 2026 年形成"多场景、多主体、多层次"的起降网络,覆盖城市交通、物流配送等场景。

起降场与通用机场建设的规划与设计人员岗位需求:熟悉《电动垂直起降航空器(eVTOL)起降场建设技术要求》(T/CCAATB 0062—2024)、民航法规(如 CCAR-139 部),掌握 GIS(地理信息系统)和 BIM(建筑信息模型)技术,胜任起降场选址、空域规划、功能区布局(如机库、调度中心、应急通道)等工作;施工与运维人员具备机场场务管理经验,熟悉无人机起降坪材料(如抗静电涂层)特性,持有民航专业施工资质,负责地面标识施工、道面维护、设施设备(如气象监测站)的日常检修。

(2)能源补给设施。针对电动飞行器(如 eVTOL)及氢燃料电池飞行器发展需求,重点布局兆瓦级智能快充桩、模块化换电站、液氢/气氢加注站及风光储一体化混合能源站,配套高压储氢罐、低温加氢机等专用设备。广东省明确将新能源基础设施纳入通用机场强制性建设标准,通过政企协同模式推进"多站合一"的集约化建设,支持共享储能、能源管理云平台等创新应用,对跨机场能源网络互联项目给予用地及财政补贴支持。

针对能源补给设施建设,需要配备新能源基础设施建设工程师,各方向需求如下:电动飞行器方向:精通锂电池热管理、充电协议(如 GB/T 20234 系列标准),具备新能源工程或电力电子专业背景,负责设计高功率充电桩(如 500kW 快充)及换电站网络布局,优化充电效率与安全;氢能方向:熟悉高压气体储存标准,具备氢能项目试点经验,负责储氢罐安全性设计、加氢站建设,适配氢燃料电池飞行器需求;运维与安全管理方向:持有高压电工证或氢能安全操作资质,熟悉 ISO 6469(电动汽车安全标准),负责充电桩故障排查、氢能设备定期检测、能源网络实时监控。

(3)保障与空中交通管制设施。实时监测低空气象数据,保障飞行安全;航材保障平台提供维修与备件支持;候机与调度中心为乘客提供候机服务,并通过综合管理平台协调飞行计划,例如,广州空港委负责统筹建设市级低空飞行综合管理服务平台。

保障与空中交通管制设施建设的核心岗位与技能需求:低空交通管制员,持有空中交通管制员执照(Air Traffic Control,ATC),熟悉无人机与 eVTOL 混合运行规则,掌握ADS-B(广播式自动相关监视)技术,负责通过综合管理平台(如广州低空飞行服务平台)协调飞行计划,实时监控空域动态;气象与数据监测工程师则要求熟悉气象雷达数据解析,掌握 Python 或 MATLAB 建模工具,负责部署低空气象传感器,分析风切变、湍流等风险数据,保障飞行安全;对航材保障与维修调度员,则要求熟悉航空器材适航标准(如FAA AC 43-9C),具备物流管理经验,负责管理航材库存,协调维修资源(如无人机备件供应链)。

(4)反制与防御设施。在重点区域部署无人机侦测雷达和反制装置,防止"黑飞"干扰。同时,广东省鼓励设立低空安全保障基金,对未赔付损失先行垫付;广州要求公安机关加强反制网络建设,禁止非法使用反制设备;制订应急响应机制,并由公安、民航部门联合成立事故调查组,引入第三方技术鉴定,确保责任认定透明,同时由人保财险等推出无人机第三者责任险和低空飞行器商业险。

反制与防御设施建设核心岗位与技能需求:要求低空安全技术专家精通无线电频谱分析、电子对抗技术,熟悉《无人机反制设备使用规范》,负责部署无人机侦测雷达、反制装置(如射频干扰设备),设计"黑飞"预警系统;要求保险与风险评估专员掌握航空保险精算模型,熟悉国际航空保险条款,负责设计低空飞行器第三者责任险、设备损坏险,评估反制设施失效风险;要求应急响应与事故调查员具备飞行器残骸分析能力,熟悉 CAAC事故调查流程和技能要求,负责参与"黑飞"事件处置,联合公安、民航部门开展技术鉴定。

对复合型与新兴人才的技能需求:

①"法规+技术"复合人才,同时掌握 CAAC/FAA 法规与工程技术,例如参与《电动垂直起降航空器(eVTOL)起降场建设技术要求》(T/CCAATB 0062—2024)制定的专家,需兼具法律与航空工程专业背景,开展适航审定(如 eVTOL 起降场认证)、空域动态管理政策制定。

②数字化运维人才,熟悉数字孪生技术、物联网平台开发,开展低空基础设施智能化升级(如 AI 驱动的充电桩负荷预测、无人机起降场自动调度)。

③绿色基建专家,精通碳足迹核算、可再生能源集成技术,开展氢能站与光伏充电桩的碳中和设计,满足 ESG(环境、社会、治理)要求。

### 4.3.2 低空新基建(地面通信系统建设)

低空地面通信系统作为低空经济的重要支撑,涵盖低空网络设施、低空数据设施和低空监管设施三大核心领域,其建设目标是实现低空飞行器的全域覆盖通信、高效数据交互与智能安全管控。低空地面通信系统建设包括低空网络设施建设、低空数据设施建设、低空监管设施建设,预计 2025 年低空新基建(通信、导航、监视等)市场份额占整个低空基建的 40%,对应短期市场规模超 900 亿元左右。

低空新基建(地面通信系统建设)作为低空经济的关键基础设施,其快速发展对人才需求呈现技术复合化、场景专业化、能力多元化的特点。

1)低空网络设施建设

核心岗位与技能需求:通信技术工程师精通无线通信协议(如 LTE、NR)、网络切片技术,熟悉低空通信场景的电磁环境特性,具备低空网络仿真建模能力,满足设计低空通信网络架构(如 5G/6G 专网、卫星通信链路),优化信号覆盖与抗干扰能力,适配无人机、eVTOL 等飞行器实时通信需求;射频与天线工程师掌握微波射频电路设计、电磁兼容性(EMC)测试,熟悉无人机群通信的频谱分配优化,负责开发低空专用通信设备(如基站、中继器),设计高精度定向天线,解决复杂地形下的信号衰减问题。

2)低空数据设施建设

核心岗位与技能需求:大数据与 AI 算法工程师精通 Hadoop/Spark 框架、机器学习模型(如强化学习),熟悉航空 ADS-B 数据解析与实时流处理技术,负责构建低空数据中台,处理海量飞行器轨迹、气象、空域动态数据,开发智能调度与路径规划算法;边缘计算与物联网专家熟悉边缘计算架构(如 MEC)、物联网协议(如 MQTT),具备低延迟高可靠通信系统开发经验,负责设计低空边缘计算节点,实现飞行器与地面设施的实时数据交互(如避障指令传输)。

3)低空监管设施建设

核心岗位与技能需求:空域安全与合规专家熟悉《无人驾驶航空器飞行管理暂行条例》,掌握无人机侦测雷达、电子对抗技术,具备风险评估与应急响应能力,负责制定低空通信监管标准,设计反"黑飞"监测系统,确保数据隐私与网络安全;低空交通管理系统工程师熟悉航空电子系统(如航电总线协议)、空管自动化技术,具备民航局适航审定经验者,负责开发低空飞行综合管理平台(如 UOM 系统),集成通信、导航、监视(CNS)功能,协调多飞行器协同运行。

低空通信系统的建设高度依赖多学科融合,需同时理解航空器运行需求与通信技术限制。例如,设计适配 eVTOL 高速移动场景的通信模块"通信 + 航空"复合型人才;在数据治理中平衡隐私保护与监管要求,例如,制订低空数据跨境流动合规方案的"数据 + 法规"交叉人才;开发智能防御系统对抗低空网络攻击,如利用 AI 识别异常通信行为的

"AI + 网络安全"专家。

### 4.3.3 飞行器关键原材料、元器件、相关系统及整机制造

低空产业的核心在于飞行器制造、基础设施建设和运营服务。而支撑这一产业链的关键在于原材料与元器件的技术突破与规模化应用。以 eVTOL 和无人机为主,飞行器制造占整体市场的 20%～30%,而关键原材料(碳纤维复合材料、动力电池材料、永磁材料与电机系统、碳化硅半导体)与元器件(飞控系统与传感器、航电系统与通信模块)占飞行器制造成本的 60%～70%,直接影响飞行器性能与商业化进程。

低空经济的关键原材料与元器件是推动产业升级的核心引擎。2025 年,碳纤维、动力电池、永磁材料及碳化硅等领域的市场规模预计超 2000 亿元,占低空经济总规模的 15%～20%。

根据中商产业研究院数据,2024 年中国航空制造行业市场规模超 6000 亿元。航空装备制造业的细分领域,包括航空器整机、航空零部件、航空发动机及机载设备与系统四部分,其中航空器整机制造占比达 56.1%,其他如航空零部件占比 28.7%,航空发动机占比 11.1%,机载设备与系统占比 4.1%。这一分类反映了整机制造在航空装备产业链中的核心地位,主要涵盖军用和民用飞机、无人机等航空器的总装环节。

随着航空航天技术的快速发展和低空经济的兴起,在飞行器关键原材料、元器件、相关系统及整机制造领域,人才需求呈现高技能化、跨学科化、场景专业化的特点。

(1)关键原材料领域。在钛合金、复合材料(如碳纤维增强树脂基复合材料)的研发与性能优化,尤其是满足轻量化、耐高温、高强度等要求的航空级材料领域,要求掌握材料科学、增材制造技术(如激光 3D 打印),熟悉航空材料适航标准(如 CAAC、FAA);增材制造工程师能利用金属 3D 打印技术制造大型复杂构件(如飞机主承力部件),而在优化工艺参数与质量控制方面,则需要高端材料研发人才。

(2)元器件领域。需要精密加工与数控编程人才,熟练使用 CAD/CAM 软件(如 CATIA、UG),熟悉五轴数控机床操作,负责航空零部件的高精度加工(如发动机叶片、机翼结构件),编写数控程序并优化工艺流程。

(3)航电系统硬件工程师。要求掌握 FPGA/ARM/DSP 开发,熟悉航空航天机载设备标准,能开发飞行器嵌入式系统硬件(如飞控计算机、传感器接口板),设计高速电路与抗干扰方案。

(4)动力系统工程师。要求熟悉新能源技术(如电力电子、储能系统),掌握动力系统仿真工具(如 ANSYS),负责航空发动机设计、电动飞行器(eVTOL)动力系统研发,如锂电池热管理、氢燃料电池集成。

(5)飞控与导航系统专家。要求精通控制理论、惯性导航技术,熟悉 RTK(实时动态定位)等低空导航技术,负责设计飞行器自动驾驶算法、导航控制系统,确保高精度与高可靠性。

(6)整机制造领域。要求总装与集成工程师熟悉飞机制造全流程(如钣金成形、铆接工艺),掌握数字化装配技术(如 MBD 模型),统筹飞行器整机组装,协调结构、航电、动力等子系统集成,解决跨专业协同问题。

（7）适航审定与检测人才。要求精通 CAAC、FAA 适航法规，具备故障诊断与安全性评估能力，确保整机符合适航标准（如 C919 适航取证），制订检测方案并参与试验鉴定。

飞行器制造工程专业课程涵盖飞机装配工艺学、数字制造技术，但实践型人才仍供不应求。对跨领域复合型人才需求：

（1）"材料＋制造＋数字化"复合人才，结合增材制造、复合材料修复与数字化工艺优化（如数字孪生技术），推动制造效率提升。

（2）"航空＋新能源＋AI"融合人才，eVTOL 研发需整合航空设计、电力驱动与智能算法的动力系统与飞控系统工程师。

目前，由于高校专业课程未完全覆盖新兴领域（如 eVTOL 动力系统），通过校企合作定制化培养和企业内部培训，提升员工技能，降低高端人才引进成本。而广东、上海等地将航空人才纳入专项计划，提供落户优惠与税收减免，吸引海外人才。

总的说来，飞行器关键原材料、元器件、相关系统及整机制造领域人才需求呈现"高精尖缺"特征。目前主要采取通过专业化认证，建立航空材料、适航审定等职业资格体系；产学研协同，高校增设"航空新能源技术"等交叉学科，企业联合科研机构共建实验室；引进海外高端人才（如欧美适航专家），推动本土人才参与国际项目等措施。随着国产大飞机量产和低空经济政策落地，人才需求将进一步向技术深度化、能力复合化、场景多元化方向升级。

### 4.3.4　低空保障

地面保障服务、空中保障服务、适航审定、检验检测服务属于低空保障领域。

（1）地面保障服务主要包括低空飞行器起降场地的维护、安全检查、空域规划等。随着低空经济基础设施建设的推进，各地正加快通航机场、无人机起降场等设施的布局。低空运营管理、空域规划与飞行管理工程师等岗位，要求具备航空交通运输、安全工程等专业背景，熟悉机场道面维护、安检设备操作、空域规划法规等。

（2）空中保障服务涵盖飞行器实时监控、飞行管制、应急响应等。要求掌握航空法规、气象知识、飞行姿态控制技术，具备无人机或 eVTOL 的实时监控能力。

（3）适航审定是确保低空飞行器安全运行的关键环节。当前，国内适航审定体系尚在完善中，企业普遍面临适航人才短缺问题。对人才有精通适航法规、符合性检查流程，能编制适航工程设计资料，并配合局方完成试验鉴定的技能要求。对适航工程师、审定认证专家、航空产品安全性评估人才等需求迫切，尤其是对具备跨学科背景（如航空＋法律）的复合型人才的需求。

（4）检验检测服务涉及飞行器整机及组件的试验验证、质量检测等。随着无人机和 eVTOL 的规模化应用，检测需求激增。要求岗位人员掌握实验室检测标准、飞行测试技术，熟练使用专业测试软件，具备 CNAS 资质管理经验。无人机装调检修工（预计需求量350 万）、检测设备研发工程师、低空飞行器性能测试员等岗位缺口显著。

低空保障领域人才需求呈现"高技能、跨学科"特点，但现有教育体系培养速度滞后。适航审定、检验检测等高端岗位依赖传统航空领域人才，但目前这类人才基数小，且流动性低，eVTOL 等新兴领域需要"航空＋新能源＋人工智能"的跨学科人才，但现有教育课程尚未完全覆盖。

综上,低空保障领域的发展亟须政府、高校、企业三方协同,构建"技术 + 管理 + 法规"的复合型人才培养体系,以支撑低空经济从"飞起来"到"用得好"的跨越。

### 4.3.5　低空服务

低空服务涵盖低空供能、航空维修、飞行培训、航空租赁等多个领域,其快速发展催生了多样化的人才需求,尤其在技术、运营和跨学科融合方面缺口显著。

(1)低空供能涉及无人机及 eVTOL 的能源系统设计与维护,是低空经济可持续运行的基础。核心需求是熟悉锂电池、氢燃料电池等动力系统的研发与优化,具备电力工程、新能源科学与工程等背景的新能源技术人才;负责飞行器能源分配、充放电策略设计,掌握电力电子技术和数据分析能力的能源管理工程师。

(2)航空维修是保障低空飞行器安全运行的关键环节,涵盖无人机、eVTOL 的日常维护与故障检修。对掌握无人机结构原理、零部件调试及传感器校准技能无人机装调检修工,以及熟悉电动航空器动力系统、飞控系统维护,具备航空电子和机电一体化知识的 eVTOL 维修技师需求缺口大。

(3)飞行培训是低空服务人才供给的核心渠道,覆盖无人机操控员、eVTOL 飞行员等岗位。需持有超视距驾驶员执照(机长)及 100h 以上飞行经验,擅长航线规划与应急处理的无人机教员;具备传统航空器驾驶经验,同时熟悉电动飞行器特性,参与适航测试与风险评估的 eVTOL 试飞员。

(4)航空租赁涉及低空飞行器的资产管理、市场运营及金融支持,是产业链增值的重要环节。需要熟悉低空物流、UAM 场景的商业模式,擅长资源调度与成本控制的运营管理人才;具备航空金融、供应链管理经验的市场投资专家。随着 eVTOL 商业化,航空租赁将衍生出保险评估、碳足迹审计等新兴岗位,需整合技术与金融知识的复合型人才。

低空服务高度依赖技术融合与场景应用,对跨学科人才需求迫切:"航空 + 新能源 + AI"人才需实现飞行器设计、电力驱动与人工智能算法结合,成为"一专多能"的复合型工程师;"技术 + 法规"人才,适航审定、空域管理岗位需同时掌握航空法规与工程实践,如 CAAC/FAA 适航认证专家;"操控 + 行业"人才中,无人机飞手需叠加农业、物流等场景知识,例如农业植保飞手需熟悉作物生长周期与农药喷洒技术。

低空服务领域的人才需求呈现"高技能、跨学科、场景化"特点,亟须通过校企合作、政策扶持和技术认证体系完善来填补缺口。未来,随着低空经济政策落地和技术创新,人才需求将进一步向专业化、复合化方向升级。

低空经济作为新一轮产业变革的战略高地,其发展高度依赖人才链与产业链的深度融合。随着低空基础设施、飞行器制造、保障服务等领域快速扩张,从地面基础设施的智能建造到飞行器核心技术的突破,从低空通信系统多学科融合到保障服务全链条覆盖,每个领域对人才知识储备与实践能力都提出了更高要求,并呈现出"技术复合化、能力多元化、场景专业化"的人才需求特征。

当前,低空产业人才供给面临传统教育难以覆盖新兴领域的问题,如 eVTOL 动力系统、低空数字孪生等前沿技术尚未形成系统化培养路径,既懂航空法规又精通工程技术的"法规＋技术"人才、兼具新能源与 AI 算法的"航空＋跨界"的复合型人才缺口显著。以适航审定、检验检测、航空维修为例，这类岗位需要深厚专业知识，又需融合安全管理、金融保险等跨领域技能。为此需构建"政产学研用"协同机制，打破学科壁垒，将航空人才培养纳入重点规划，增设"低空新能源技术""智慧空管"等交叉专业，强化校企联合实验室建设；此外，需依托无人机装调检修工等新职业，系统开展技能认证与岗位培训。

低空经济的技术迭代与场景创新将进一步驱动人才结构向纵深发展。数字孪生、物联网、绿色能源等技术的渗透，要求从业者持续提升"一专多能"的复合素养；而 UAM、低空物流等场景，将催生更多"技术＋行业"的融合型岗位，人才战略是实现低空产业从"规模扩张"向"质量跃升"的跨越。

## 4.4 本章小结

低空经济以无人机、通航飞机、智慧空管系统等为核心载体，正深刻改变传统产业模式，成为区域经济高质量发展的引擎。本章围绕低空经济产业链，阐述低空经济对新质生产力的推动作用、低空产业的物质载体作用以及低空产业领域对人才的知识与能力要求。在低空产业人才的知识与能力培养方面，强调复合型、创新型人才的核心地位。

低空产业人才培养需紧密结合产业需求，通过产教融合、实践实训等路径，培养兼具工程思维、创新意识与跨界协作能力的复合型人才，为低空经济高质量发展提供核心支撑。

# 第5章 低空经济应用场景

随着低空空域资源逐渐从"隐性资产"转化为"显性资产",催生出多样化的应用场景和商业模式。这些场景涵盖了传统产业的智能化升级,孕育出新兴产业,成为推动区域经济高质量发展的引擎。本章围绕低空经济应用场景的内涵,基于多维视角对典型应用场景的分类与解析,低空要素数字化体系构建与场景落地,实景三维技术赋能低空经济,展望低空经济未来,将是技术创新、制度创新与场景的协同创新,每一步探索都将为人类社会空间资源利用开启新进程。

## 5.1 低空经济应用场景的理论框架

低空经济作为战略性新兴产业,其应用场景涵盖定义与内涵、核心要素、分类逻辑、技术支撑、政策协同等核心模块。低空经济是以无人机、eVTOL、直升机等低空飞行器为载体,通过空域资源开发、数字技术赋能、产业融合创新形成的立体经济形态。

### 5.1.1 低空经济应用场景内涵

低空经济应用场景核心内涵有如下特性:

(1)空间立体性:突破二维交通限制,形成"地表-低空"联动的资源利用模式,例如深圳 CBD 空域分层管理,实现无人机与直升机协同飞行。

(2)技术经济性:依托新能源动力、人工智能、北斗导航等技术,降低飞行器能耗成本(如无人机物流成本较传统运输下降40%)。

(3)产业融合性:通过"低空 +"模式与农业、物流、文旅等产业深度融合,形成新业态(如安徽九华山直升机观光,带动景区收入增长30%)。

### 5.1.2 低空经济场景的核心要素

基于《2024 低空经济场景白皮书》提出的"543"理论体系,低空经济场景的核心要素包括:

（1）5 个基本要素

①载运装备：无人机、eVTOL 等飞行器硬件；

②作业装备：农业植保喷洒系统、物流挂载装置等；

③关键技术：AI 避障算法、5G-A 通信、实景三维建模；

④行业分类：覆盖交通、物流、农业等国民经济大类；

⑤实现功能：运输效率提升、应急响应加速、生态修复优化。

（2）4 个典型特征

①颠覆性（如无人机物流替代传统配送）；

②高科技性（毫米波雷达与视觉融合导航）；

③多样性（医疗急救、景区巡检等 200 + 细分场景）；

④演进性（从无人机到载人 eVTOL 的技术迭代）。

（3）3 个主要作用

①工程化验证平台（如重庆低空物流走廊测试飞行器性能）；

②商业化价值创造（深圳低空经济规模 2024 年达 1200 亿元）；

③产业化生态构建（广州低空产业园集聚 200 + 企业）。

### 5.1.3　层级化场景分类

层级化的低空经济场景可分为基础层、核心层、衍生层三类，见表 5-1。

层级化的低空经济场景　　　　　　　　　　　　　　　　表 5-1

| 层级 | 场景类型 | 典型案例 | 经济价值 |
|---|---|---|---|
| 基础层 | 低空制造与基础设施 | 无人机生产线、通用机场、5G-A 基站 | 支撑产业链上游，如中航成飞无人机产值占比超 60% |
| 核心层 | 直接应用场景 | 农业植保（效率提升 50 倍）、物流配送（日均投递量 3000 件）、应急救援（武汉 30s 路径规划） | 创造直接收益，占低空经济总规模 70% |
| 衍生层 | 融合创新场景 | "低空 + 文旅"（三亚跳伞年接待 1 万人次）、"低空 + 城市治理"（深圳无人机安防覆盖率 80%） | 拉动关联消费，如重庆无人机灯光秀带动酒店预订量增长 120% |

## 5.2　典型应用场景分类

### 5.2.1　基于产业链的应用场景划分

低空经济运用各种航空器进行低空飞行活动，涵盖多个产业领域，其产业链包括低空飞行、综合服务等环节，衍生出日益丰富的应用场景。低空经济的产业链下游是低空经济与各产业融合部分,分为低空农业、低空物流、飞行服务等。目前,以无人机和通航为主导的低空经济迅速发展,已有的商业化探索应用场景包括农业、旅游、物流等。伴随着低空经济被提升到国家战略层面,"政策 + 产业"的模式正在不断地推进"低空经济 +"应用场景落地。

(1)"低空经济 + 物流"。低空物流无人机一般采用智能化导航系统和智能化控制技术,用于快递运输,可在较短时间内完成快递运输的任务,具有准确、高效和安全等优点。伴随着数字化时代的迅速发展,快递运输的需求量不断增长,越来越多的企业开始选择使用无人机配送方式,降低配送难度、提高配送效率和减少人力成本。

(2)"低空经济 + 农业"。植保无人机是专门用于农林植物保护作业的无人驾驶飞机,通过运用导航飞控或者地面遥控进行喷洒作业。借助无人机技术的运用,可降低地形地貌和自然环境对农业生产的影响,提高农业生产效率。随着我国科技发展和经济高速运转,我国农用植保无人机的普及和推广的速度也在加快,进而植保无人机保有量也在不断增加。近年来,民用无人机,包括消费级和工业级产品,市场需求持续增长,受到市场的普遍欢迎。

(3)"低空经济 + 交通"。随着低空经济的发展,UAM 也逐渐落地,未来发展前景广阔,如空中观光旅游、空中交通工具等。现有市场主要包括丰翼科技、美团和亿航等,随着通用航空行业的发展,直升机出行推广率将越来越高。

(4)"低空经济 + 城市管理"。低空经济产业在应急救援、电力巡检、消防、国土测绘、城市安防等城市管理服务方面,展现出广泛的应用潜力。无人机可不断提高城市管理便捷性和效率,全方位为城市运行安全提供坚实保障,尤其是应急救援方面,发生紧急事件或自然灾害时,低空飞行技术能够快速响应,并提供救援服务。此外,低空飞行技术运用于城市交通管理、城市环境检测中,能提高管理效率和服务质量,完善城市保障体系,带动低空产业升级。

(5)"低空经济 + 旅游"。这是一种全新的产业模式,娱乐与旅游成为重要的应用场景。eVTOL 经产品认证与适航审批后,在各景区试点体验,有望成为率先实现商业化落地的应用场景。目前国内领先的 eVTOL 企业亿航智能已在贺州、深圳、广州等 18 座城市开展低空旅游场景试运行,累计完成超过 9300 架次安全运行试飞。此外,无人机也广泛应用于航拍、体育赛事直播、景区导览等娱乐和旅游领域,通过专业无人机航拍服务,为游客提供全新的全方位景区导览服务,丰富了旅游产品类型和旅游项目。

### 5.2.2　基于功能服务的应用场景划分

基于场景应用和功能服务的特点,可将低空经济场景划分为低空交通、低空机器人、低空文体、低空服务四种类型。

(1)低空交通类型

其特点是载人载物,既能在陆地行驶,又能在低空飞行。其场景包括:①低空交通:

直升机、小型飞机等；②低空物流：直升机、支线飞机、运载无人机等；③低空救援：直升机、无人机、eVTOL、飞行汽车等。

飞行汽车能够在空中飞行，也能在陆地上行驶，可以从一辆公路汽车变身为一架空中飞机。飞行汽车于2009年3月初在美国实现了首飞，降落后只需按一个按钮就可将机翼折叠，驶上高速公路。

（2）低空机器人类型

由无人机扮演的"机器人"，开展低空作业，习惯称为"空中机器人"。其特点是"无人机＋场景"，"无人机"为飞行器平台，"场景"为技术应用空间。应用场景包括：①无人机植保；②无人机巡检；③无人机物流；④无人机测绘；⑤无人机安防；⑥无人机救援；⑦无人机环境监测；⑧无人机独立调查。

（3）低空文体类型

将低空教育、文化、艺术、科研、运动归纳在一起，既有利于促进技术的合作与交流，也有利于场景的开发与共享。其场景包括：①低空飞行教育；②低空文化建设；③无人机空中造景；④无人机科学研究；⑤无人机运动与赛事；⑥无人机航拍与视频文创。

"无人机空中造景"又称"无人机编队表演"，通过数百架无人机在空中编队表演呈现美轮美奂的诗意场景。

"低空文化"是文化建设的全新领域，是低空经济的血液与灵魂、称为"云端上的文化"。低空文化内涵丰富，形式多样，从业务形态上大体可分为六大类：①低空峰会：以低空经济为主题的博览会、高峰论坛等；②场景博览：以应用场景为主题的现场分类演示活动；③年度榜单：以年度为时限的分类排行及研究报告等；④品牌故事：企业品牌、技术品牌、产品品牌故事展；⑤版权交易：航拍视频图片版权、低空题材版权交易；⑥云端赛事：面向国际展示低空经济的科技文化赛事。

"无人机科学研究"是无人机应用场景的全新领域。从了解无人机基础技术出发，放眼全球无人机科研态势，分析中国无人机的竞争优势，对无人机未来科技进行主题场景推演。

（4）低空服务类型

该类型是"在地面为空间服务"，服务的重点是低空制造、低空飞行和低空保障，归类命名为"低空服务类型"。虽然它处于低空经济全产业链的下游，但贯穿了第一、二、三产业，具有鲜明的"融合"创新属性。目前已成型的类型有如下6种。

①空域申报：低空空域申报是一个全流程服务项目，涉及多个环节。流程上分准备阶段、申请阶段、审批阶段和报备阶段。

②航空服务：航空服务是一个涉及多个方面的复杂行业，它不仅包括传统的航空运输服务，还包括差旅管理、物流服务等多种增值服务。

③航空金融：航空金融是航空业与金融业联合发展的新兴产业，内涵丰富，专业要求

高,包含融资策略、资本结构、风险管控等等,金融品种包括航空器材金融、航空物流金融、航空文化金融等等。

④航空保险:包括两个大类。一类是航空运输险和人身意外险,一类是无人机类的机身财险、第三方责任险、飞手责任险、飞手意外险等。

⑤低空经济战略咨询:"航空咨询"的特定含义是"低空经济发展战略咨询",服务内容包括战略规划、战略执行、业务模型、市场评估、品牌策略、资源分享、信息配置等等。

⑥产品销售:航空服务的"产品销售"涵盖了多个方面,主要分为两大类。一类是通用航空飞机、航材、机载设备及通用航空配件的销售,而另一类则主要涉及民用航空器销售与租赁。中国生产的无人机销售占全球70%以上的市场份额,国内更是每年保持15%以上的增速。

### 5.2.3　典型应用场景解析

低空经济产业相关系统涵盖飞行器技术、导航与通信系统、监控与管理平台等多个领域,它们相互协同,为低空飞行活动提供了全方位的支持与保障,从而在众多领域催生了丰富多样的应用场景(表5-2),极大地拓展了人类的活动空间,还在提升生产效率、改善民生服务、促进应急救援、推动科技创新等方面发挥不可替代作用,展现出低空经济产业广阔的发展前景和巨大的潜力。

低空经济典型应用场景解析　　　　　　　　　　　　　　表 5-2

| 典型应用场景 | 场景解析 |
|---|---|
| 城市规划 | 低空飞行器搭载激光雷达和全景相机等设备,进行城市地形地貌、建筑布局、道路网络等高精度测绘和数据采集,构建三维城市模型,可直观分析城市空间布局,优化新区建设规划、旧城改造规划和功能区划分等,提高城市规划科学性和合理性,促进城市可持续发展 |
| | 在城市基础设施建设项目(如桥梁、隧道、地铁线路等)规划阶段,根据低空测绘数据进行地形分析、地质勘察和施工场地评估,及早发现潜在问题和风险,优化设计方案,减少工程建设变更和成本超支,确保基础设施建设项目顺利实施 |
| | 低空拍摄城市自然景观和人文景观照片、视频等资料,为城市景观设计提供丰富素材。充分利用自然地形和现有景观资源,打造具有地域特色和文化魅力的城市景观,提升城市品质和形象 |
| 物流配送 | 低空飞行器可避开地面交通拥堵,实现小件快递包裹快速运输,如在高楼林立的商务区,无人机可将文件、小型电子产品等快速送达客户手中,提高配送效率,降低物流成本 |
| | 生鲜产品如海鲜、高档水果等,通过低空运输在低温环境下快速从产地直抵各销售点,减少运输时间,降低产品损耗,确保生鲜品质 |
| | 低空飞行器可快速将急需药品、疫苗等运往偏远地区医疗机构或发生紧急情况现场,缩短药品配送时间,为挽救生命提供保障 |

| 典型应用场景 | 场景解析 |
|---|---|
| 应急救援 | 山区发生自然灾害(如地震、泥石流)或人员遇险(如登山者被困)时,低空救援设备可快速抵达现场,吊运被困人员,投放救援物资 |
| | 对海上失事船只、落水人员等情况,低空飞行海上救援飞机能迅速定位目标,投放救生设备,转运伤者,与海上救援船只协同作业,扩大救援范围 |
| | 在城市高楼火灾或森林火灾中,消防直升机可以携带大量灭火物资,从空中对火源进行压制,为地面消防队伍开辟救援通道 |
| 旅游观光 | 游客乘坐低空观光飞机或直升机,俯瞰城市标志性建筑、自然景观和历史文化遗迹,如纽约曼哈顿天际线、巴黎埃菲尔铁塔等,打造独特旅游体验 |
| | 在自然风景区,如张家界、黄山等,低空飞行项目让游客从空中欣赏壮美景色,丰富旅游产品供给,满足旅游需求多样化 |
| | 在沿海地区开展水上飞机观光、滑翔伞等低空旅游项目,游客可在空中欣赏海滨风光,感受海风拂面,体验刺激的低空飞行乐趣 |
| 农业植保 | 利用无人机进行大面积农药均匀喷洒,相比传统人工喷洒,提高作业效率数十倍,减少农药使用量,降低人工成本 |
| | 化肥播撒在农作物生长的关键时期,无人机可以按照预定航线和施肥量将化肥精准播撒到农田中,确保每一株农作物都能得到适量的养分供给 |
| | 通过搭载高清摄像头、多光谱传感器等设备的无人机,对农田进行定期巡查,获取农作物生长状况、土壤墒情、气象数据等信息,提供精准田间管理决策依据 |
| 测绘勘探 | 低空飞行器搭载专业测绘仪器,如激光雷达、航空相机等,快速获取高分辨率地形地貌数据,生成精确数字高程模型(DEM)、数字正射影像图(DOM),为城市规划、道路建设、土地开发等提供基础数据支持 |
| | 低空飞行直升机或无人机携带物探设备,如磁力仪、重力仪等,开展大面积矿区快速勘查,探测地下矿产分布情况 |
| | 对于山体滑坡、地面塌陷等地质灾害隐患区域,用低空勘察设备进行近距离、多角度拍摄和数据采集,获取地质体变形特征、岩土体结构等信息。 |
| 交通出行 | 在大城市及其周边卫星城之间,使用小型客机或直升机开通低空通勤航班,避开地面交通拥堵,为商务人士提供快速、便捷出行方式 |
| | 在大型机场内部或周边区域,利用低空飞行器将乘客从一个航站楼快速转运至另一个航站楼,减少乘客地面换乘时间和步行距离 |
| | 在有水域条件地区,发展水上飞机交通,连接城市内不同区域或与周边城市进行快速交通往来,为城市交通提供多样化选择 |

| 典型应用场景 | 场景解析 |
|---|---|
| 环境保护 | 低空无人机搭载空气质量监测设备,在城市不同区域、工业园区等重点污染源上空进行低空飞行监测,实时采集大气中污染物浓度和气象参数,快速定位污染源 |
| | 在河流、湖泊、水库等水域,通过低空飞行无人船或无人机搭载水质检测传感器,监测水体酸碱度、溶解氧、化学需氧量等指标,定期巡查水域污染情况 |
| | 在自然保护区、国家公园等野生动物栖息地,利用低空飞行器进行野生动物种群数量、分布范围、迁徙路线等监测,为野生动物保护研究提供珍贵资料 |
| 广告传媒 | 通过飞机拖曳横幅、飞艇悬挂广告标语等低空广告形式,在城市上空、体育赛事现场、旅游景区等人员密集区域进行广告展示,具有较高的视觉冲击力和吸引力 |
| | 利用无人机编队进行灯光秀表演,在夜空中展示企业标志、产品形象等定制化灯光图案,结合音乐和特效,打造震撼的视觉盛宴 |
| | 在低空飞行的飞机或直升机上安装广播设备,在特定区域上空进行广告音频播放,向地面人群传播商业广告、公益广告等信息 |
| 通信中继 | 在山区、沙漠、海岛等地面通信基站建设困难的偏远地区,通过低空飞行通信中继无人机或系留气球,搭载通信设备,建立空中通信基站,实现对地面信号覆盖 |
| | 在发生自然灾害或重大突发事件,导致地面通信网络瘫痪情况下,快速部署低空通信中继平台,恢复灾区通信联络 |
| | 在大型户外活动现场,由于人员密集,地面通信网络可能出现拥堵,低空通信设备可增强现场通信容量和信号强度 |
| 能源巡检 | 对输电线路进行低空巡检,利用高清摄像头和红外热像仪等设备,检测线路绝缘子破损、导线断股、金具松动等故障隐患 |
| | 沿石油、天然气管道铺设路线,低空飞行无人机搭载检测设备,对管道进行全方位巡检,监测管道防腐层破损、泄漏情况 |
| | 在风力发电场,无人机可对风力发电机组叶片、塔筒、机舱等部位进行低空检查,检测叶片裂纹、损伤,塔筒螺栓松动、腐蚀情况 |
| 警务安防 | 警察部门利用直升机或无人机进行城市上空巡逻,监控城市交通状况、治安热点区域、重大活动现场等,及时发现交通拥堵、违法犯罪行为、突发事件等情况 |
| | 在陆地和海上边境地区,低空飞行器对边境线进行定期巡逻,监控边境地区人员和车辆非法越境、走私、偷渡等违法活动 |
| | 在反恐行动中,低空侦察设备可快速接近目标区域,对恐怖分子藏匿地点、武器装备情况等进行隐蔽侦察 |

| 典型应用场景 | 场景解析 |
|---|---|
| 科研实验 | 利用低空飞行器搭载气象探测仪器,在对流层下层进行大气参数精细测量,研究大气边界层结构、气象要素垂直分布、大气污染物扩散规律等 |
| | 在低空飞行环境下,对新型航空发动机、飞行器结构材料、飞行控制系统等航空航天技术进行试验验证 |
| | 在低空飞行的飞机或气球上,建立临时生物学实验平台,开展微重力生物学实验、高空辐射对生物影响的实验等 |
| 教育培训 | 建设低空飞行培训学校,为飞行员提供初级飞行训练、直升机飞行培训、无人机操控培训等课程,培养专业飞行人才 |
| | 针对低空经济相关职业,如无人机植保操作手、低空旅游服务人员、航空物流调度员等,开展专业技能培训 |
| | 建立低空经济科普教育基地,面向广大青少年和社会公众,开展航空航天知识科普教育活动,普及航空科学知识 |
| 体育竞技 | 航空模型比赛举办各类航空模型赛事,如固定翼模型飞机竞速赛、直升机模型特技飞行赛、无人机穿越障碍赛等,推动航空模型运动的发展 |
| | 在具备条件的地区建设跳伞基地,开展跳伞培训、双人跳伞体验、跳伞竞技比赛等项目,带动跳伞运动普及和发展 |
| | 利用山地、丘陵等地形优势,开发滑翔伞运动场地,举办滑翔伞锦标赛、飞行表演等活动,吸引滑翔伞爱好者前来飞行体验 |
| 影视拍摄 | 在电影、电视剧、纪录片等影视制作中,利用无人机或直升机进行低空航拍,获取独特的高空视角镜头,为影视作品增添震撼的视觉效果 |
| | 在商业广告拍摄中,低空飞行器可拍摄产品的全景展示、使用场景的动态呈现等画面,增强广告吸引力和感染力 |
| | 在大型体育赛事、文艺演出、庆典活动等现场,通过低空飞行拍摄设备进行实时直播拍摄,为观众提供多角度、全方位现场画面 |
| 工业制造 | 在大型工业制造园区,按照预设无人机巡检路线,对厂房设施、生产设备、管道线路等进行低空巡查,检测设备运行状态 |
| | 在工业企业的物流仓储环节,利用低空飞行器进行库存盘点、货物定位、仓库安全监控等工作,实现智能化仓储管理 |

## 5.3　低空要素数字化体系构建

低空经济的发展目标是开发利用低空空域,实现人类活动低空化、交通方式立体化。低空经济依托低空空间资源,具有显著的"空-地"协同特征,需将低空三维空域数字化,在三维空间研判,走数智化管控之路。

低空空域涵盖复杂多样的地表景观、动态变化的大气环境以及分布其间的多层航路、多类飞行器(物)。其中,地表景观包括高低起伏的地形地貌和重叠错落的各式构筑物,大气环境则由直接影响飞行性能的气压、温度、风速等气候要素所表征;而低空航路作为连接地面与低空的重要通道,既包含分层分域的空中航线等通道要素,也包括众多起降点和各类通信、导航、监视及气象等地面设施。将这些低空要素数字化、打造低空数据空间、实现三维空间管控是推动低空经济健康发展的基础,如图 5-1 所示。

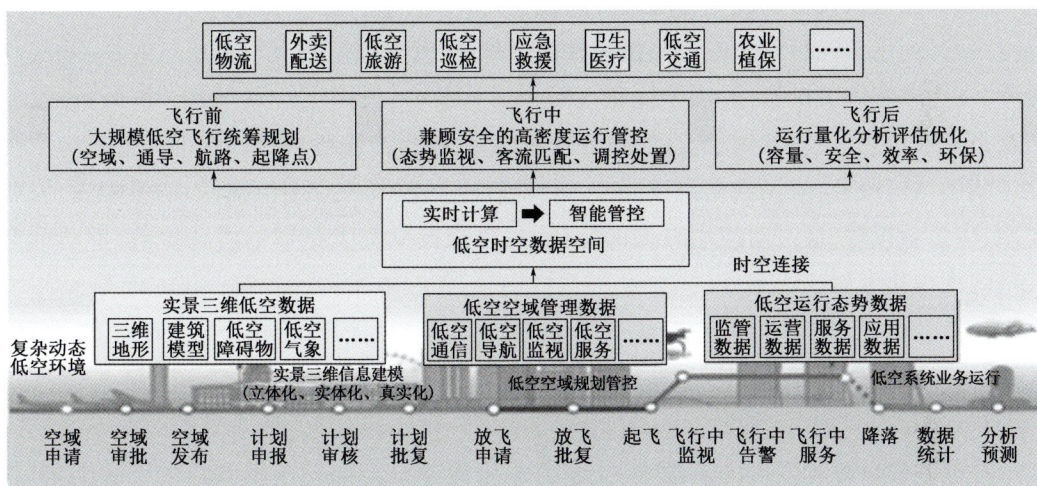

**图 5-1　低空三维数据空间**

低空没有任何物理附着物,必须依赖数字化手段进行管控。在空地一体化环境下,要素众多且环境复杂,应从地表与气象、空域监控和运行态势 3 个方面将低空要素数字化,满足低空飞行活动的复杂需求,推动低空经济可持续发展。

(1)地表与气象。通过立体化重构、实体化建模、真实化表达的技术手段,将地形地貌和各式构筑物的立体形态、时空关系及纹理属性等数字化,生成多粒度、多尺度的基础地理实体和三维地理场景,为描述和表达低空空域的地形起伏、建筑物分布等复杂地表景观奠定基础。但由于是根据数字中国建设和全社会数字化转型的共性需求设计与建设的,并没有考虑低空飞行对高压线、障碍物、起降点等方面的特殊需求,因此,应认真分析飞行路径规划、导航定位和障碍物避让等对三维空间建模表达的实际需要,补充相关三维景观要素,增加低空经济方面的专题地理实体。此外,还要接入气象和气候动态信息,实时地获取风速、温度、湿度等气象数据,为飞行器提供有关低空大气环境的动态信息服务,从而可根据气象条件调整飞行策略,保障飞行安全稳定。

(2)空域监控。为实现数字化条件下的低空管控与服务,需要利用主动和被动探测等技术手段,提供定位、通信、监视等多方面的管理数据信息以及低空空域电磁环境信息。其中,定位信息是为飞行器提供精确定位和导航服务,保证其按照预定航路安全飞行;通信信息用于飞行器与地面控制中心间实时、稳定信息传输,确保飞行指令和飞行状态信息准确传递;监视信息是通过实时监测飞行器飞行状态和空域使用情况,为低空空域管理和监控提供有力支持;低空电磁环境信息则用于监测和评估电磁信号分布与干扰情况,保障低空飞行活动安全与顺畅。

(3)运行态势。多层飞行航路和众多无人与有人飞行器是低空空域的重要组成部分。将飞行航路及地面起降点等附属设施数字化,是低空空域数字化的一项重要内容。继而获取各类低空飞行器监管、运营、服务等方面数据,实现数据驱动的运行管理。其中,监管数据是指飞行器位置、速度、飞行状态等信息,包括正常飞行和黑飞(非法闯入)低空飞行器,用于飞行安全实时监控和管理保障;运营数据是指飞行器运行效率、航线利用率、飞行成本等关键指标,用于优化飞行器运营策略,提高运营效率和经济效益;服务数据是交通信息、飞行计划、运行保障等服务信息,用于为飞行器提供精准化推送与个性化定制的增值服务;应用数据是指低空飞行器在不同领域的应用情况,如物流配送、农业监测、应急救援等,通过对应用数据的分析,可以挖掘低空飞行器的潜在价值,推动低空经济的规模化发展。

## 5.4 实景三维赋能低空经济

在低空经济蓬勃发展的浪潮中,实景三维中国建设宛如一座坚固的数字底座,为其安全、健康发展提供了不可或缺的支撑。它以独特的技术优势和丰富的数据资源,为低空空域的精细化管理、低空飞行的安全保障以及低空经济的创新发展注入了强大动力。

### 5.4.1 实景三维提供全方位、多层次支撑

自 2019 年自然资源部明确提出推进实景三维中国建设,截至 2025 年 4 月,全国已完成 735 万 $km^2$ 优于 5m 格网数字高程模型数据生产,790 万 $km^2$ 基础地理实体数据生产,覆盖全国陆地国土精度高于 2m 分辨率正射影像数据生产;地级以上城市中有 310 个开展了实景三维城市建设,累计生产了约 11 万 $km^2$ 的城市三维模型数据;沿海省份生产了约 10 万 $km^2$ 近岸海域 10m 以浅的水下地形数据。各地充分发挥地理空间信息数据融合平台的支撑作用,关联整合了丰富的自然资源、人文社会经济信息和实时传感信息,为各行业信息化建设和数字政府、智慧城市建设提供了坚实的时空大数据支撑。

(1)实景三维中国建设标准和技术日益完善。构建了由技术大纲、25 项技术文件和

若干国标、行标组成的技术标准体系,涵盖了总体设计、采集处理、建库管理、应用服务和质量控制等建设全流程;积极采用人工智能、大数据、云计算等新兴技术,初步实现海量空间地理数据轻量化处理、语义化建模等关键核心技术自主可控,三维数据可视化、大范围地理场景数据获取软硬件研发填补了国内空白。

(2)实景三维中国建设全方位、多层次支撑低空经济。在低空空域数字化方面,通过高精度的三维模型,数字化呈现现实中的低空空域环境,为低空空域规划、管理和使用提供直观、准确的基础数据。借助实景三维技术,可清晰地看到低空空域内的地形地貌、建筑物分布、障碍物位置等信息,动态评价低空空域风险,合理规划低空飞行航路,避免飞行冲突,保障空域安全,提高空域利用效率。

(3)实景三维数据为低空飞行的实时监控和管理提供有力支持。通过与无人机飞行信息管理系统的对接,管理人员可实时掌握无人机飞行位置、高度、速度等信息,结合实景三维模型,对无人机飞行状态进行全面监控,一旦发现异常情况,如无人机偏离预定航线、进入禁飞区域等,能够及时采取措施进行处置,确保低空飞行安全有序。

(4)实景三维技术为飞控手提供更真实、准确的飞行环境信息。飞控手通过机载设备实时查看周边地形地貌、建筑物及障碍物等信息,提前做好飞行规划和应对措施,有效降低飞行风险。在山区等复杂地形环境中飞行时,飞控手可借助实景三维模型提前了解地形变化,避免因视线受阻而发生碰撞事故。

### 5.4.2 低空经济领域工作重点

三维数据空间应用为低空飞行提供全流程安全保障与效率优化。构建低空三维导航地图,实现低空飞行的实时精准控制与管理,确保飞行器稳定飞行;通过多源数据融合建立风险预警模型,提升飞行安全;采用时空网格化技术优化飞行器与空域资源适配,提高空域利用效率;构建应急处置机制,快速响应飞行异常,减少损失;建立飞行后效能闭环评估体系,实现低空交通多目标协同优化;优化航路设计与飞行器能耗管理,减少碳排放;利用监测与数据分析技术降低飞行活动对环境影响;基于空域资源精细化配置提升空域利用效率与飞行任务效能;通过多维度协同优化,为低空交通提供综合解决方案。推动实景三维赋能低空经济建设与应用,工作重点包括低空"天路"建设、低空三维导航、低空数字底座、低空专项空间规划。

(1)低空"天路"建设。考虑居民出行、物流配送等空间分布、地面与空中交通耦合、低空飞行约束要素、交通流量与风险,在实景三维低空地理数据支持下,设计与优化支线、末端航路和终端起降场融合飞行区,注重与地面交通网络协同发展,集成多源数据,建立空地一体化交通模型,优化关键节点布局,提升低空交通网络运行效率,构建由干线、支线和末端航路组成的多层级低空航路网,形成低空"天路"。

(2)低空三维导航。低空三维导航地图是低空"天路"构成与空地一体化低空交通地理信息的数字化表达,包括导航地图、定位系统、位置服务平台及用户终端。精准定位是关键技术,需构建多源融合定位体系,实现高精定位;位置服务平台是智能中枢,集成多源异构数据,构建空域运行数字镜像;主要用户终端是无人飞行器,需研制适配不同机型的嵌入式导航系统。

(3)低空数字底座。时空数据体系是原料库,数智技术体系是工具链,服务赋能体系是加工厂,标准规范体系是通用语言,政策法规为建设和运营提供制度保障。融合低空时空大数据、人工智能等新一代数字技术,由时空数据体系、数智技术体系、服务赋能体系和标准规范体系构成,并提供多层次、多维度服务应用。

(4)低空专项空间规划。科学划分并管控低空空域,实现空域资源与土地资源耦合优化,构建多层次低空国土空间配套设施布局支撑体系,布局物理与数字设施,提升公共服务覆盖能力,统筹规划低空资源,推动国土空间从平面开发向立体治理跃升。

随着技术的不断进步和应用的不断深化,实景三维技术将与人工智能、大数据、物联网、5G-A/6G等新兴技术深度融合,通过人工智能算法对实景三维数据进行分析,可以实现对低空飞行需求的精准预测,优化飞行航线规划,提高空域资源的利用效率,实现低空飞行的智能化管理和运营。

## 5.5 低空经济应用前景

2025年,中国低空经济正从"政策试验田"迈向"规模化落地"。《2025—2030年中国低空经济行业市场现状调查及未来发展趋势预测报告》揭示,2024年全国低空经济市场规模已突破4000亿元,同比增长38%,其中无人机物流占比达45%,空中游览占比18%。但面临三大矛盾:

(1)空域开放与安全管控。全国仅15%的县级行政区完成低空空域改革试点,空域审批流程仍需7~15个工作日。

(2)技术成熟与场景落地。工业级无人机续航突破3h的企业不足10%,农业植保效率仅为美国的60%。

(3)资本热捧与盈利模式。2024年低空经济领域融资事件超200起,但80%企业仍处于亏损状态。

低空经济的爆发式增长将由技术突破、政策松绑、需求爆发三大核心驱动。

### 5.5.1 技术突破

(1)续航革命:固态电池技术使无人机续航从1h提升至2h,2025年长航时无人机占比将接近15%。

(2)智能避障:毫米波雷达 + AI 视觉融合技术使无人机目标事故率下降至0.05%。

(3)集群控制:500架无人机协同作业技术成熟,农业植保效率提升40~50倍。

### 5.5.2　政策松绑

(1)空域管理改革:2025 年计划新增 50 个低空开放试点城市,空域审批时间压缩至 3 个工作日内。

(2)适航标准完善:无人机适航认证体系全面落地,2026 年起所有载人无人机需通过 CCAR-92 部认证。

(3)专项补贴激励:中央财政设立低空经济专项基金,对 eVTOL 研发补贴最高达1 亿元。

### 5.5.3　需求爆发

(1)物流革命:无人机配送成本较地面运输降低 40%,2025 年快递网点覆盖率将达县域市场的 60%。

(2)应急刚需:消防无人机响应时间缩短至 15min,2024 年已参与 3000 余起灾害救援。

(3)消费升级:空中游览票价从 2000 元/人次降至 500 元/人次,2025 年其市场规模或突破 200 亿元。

### 5.5.4　发展策略

从技术攻坚、政策协同、场景落地、人才培育四个方面取得突破。

(1)技术攻坚,补齐续航与安全短板。设立国家级低空经济实验室,重点突破氢燃料电池、轻量化材料等核心技术;推广"无人机+5G"融合组网,实现超视距飞行实时监控;建立无人机适航认证快速通道,将认证周期从 18 个月压缩至 6 个月。

(2)政策协同,打通空域与法规壁垒。推动《低空空域管理条例》立法,明确"负面清单"管理模式;建立全国统一的低空飞行服务平台,实现"一网通办";试点"低空经济特区",在粤港澳大湾区、长三角等区域先行先试。

(3)场景落地,从 B 端到 C 端的渗透。建设"干线-支线-末端"三级无人机物流体系,2025 年实现县域 48h 达物流网络;组建国家级无人机应急救援队,配备 1000 架专业机型;开发"空中出租车"App,2026 年试点城市将达 20 个。

(4)人才培育,填补百万级缺口。在 100 所职业院校开设低空经济专业,实行"双证制"(学历证+无人机驾照);推行"飞手"职业资格认证,2025 年持证人数突破 50 万;设立低空经济人才基金,对高端人才给予个税返还、安家补贴等支持。

### 5.5.5　行业热点

技术、模式、全球化三重突破。2025—2030 年,低空经济将迎来三大爆发点:

(1)UAM 商业化。eVTOL 票价从 200 元/km 降至 50 元/km,2030 年市场规模或达 3000 亿元;空中出租车航线覆盖 50 个以上城市,单日运送旅客超 10 万人次。

（2）农业数字化革命。无人机植保渗透率从 15% 提升至 60%，一年节省农药 30 万 t；农业大数据平台实现"一亩一策"精准管理，单亩增收超 200 元。

（3）全球化输出加速。中国无人机占据全球 70% 市场份额，eVTOL 技术输出至 30 个国家；参与制定国际低空经济标准，话语权显著提升。

预测 2025—2030 年，中国低空经济市场规模将保持年均 25% 增速，到 2030 年有望突破 5 万亿 ~ 10 万亿元。其中无人机应用占比从 2024 年的 65% 提升至 2030 年的 75%，规模超 7.5 万亿元；eVTOL 年增速 50%，2030 年规模突破 1.5 万亿元；传统通航向高端化转型，年增速 10%，规模达 1 万亿元。

低空经济的未来，是天空资源的重新定义与价值挖掘。从技术突破到政策松绑，从物流革命到 UAM，行业正迎来历史性机遇。

## 5.6 本章小结

通过梳理低空经济多元化应用场景及其底层支撑体系，揭示了低空技术赋能千行百业的路径。当前，低空经济的应用场景已从传统通航领域拓展至物流配送、农业植保、应急救援、城市治理、文旅服务等数十个细分领域，其发展依赖于跨学科知识融合与多维度能力构建，对多领域人才提出差异化要求。低空应用场景对人才知识与能力的适配性有交叉学科要求。

（1）行业场景与技术融合能力：物流管理、农业工程等专业需掌握无人机操控、传感器集成等技术，并理解供应链优化、精准农业等行业逻辑。

（2）数字化与空间建模能力：地理信息、计算机科学等专业需精通低空要素数字化（如空域编码、动态地图）和实景三维建模技术（GIS、BIM 融合），支撑低空资源可视化与智能调度。

（3）系统设计与协同能力：自动化、电子信息等专业须具备空-地-云协同系统开发能力，解决通信组网、数据安全等技术瓶颈。

（4）政策与风险管理能力：公共管理、法学等专业需熟悉低空空域法规、安全标准及应急预案，保障应用场景合规运行。随着低空应用生态持续扩展，复合型、场景化人才将成为产业创新的核心动能。

低空经济应用场景的复杂性要求人才既深耕专业领域，又具备跨学科视野，通过"技术 + 场景"双轮驱动，推动无人机、数字孪生、AI 等技术在垂直领域的深度融合。

# 第6章　低空技术的社会治理与系统性支撑体系

低空技术的社会治理与系统性支撑体系是推动新型经济形态健康发展的基石,其内涵涵盖七大核心维度:法律框架与合规体系构成制度保障;工程伦理与责任边界划定技术应用的道德底线;全域安全管理体系织就立体化风险防控网络;环境评估与可持续发展锚定绿色技术路径;职业能力标准与行业认证构建人才质量保障机制;金融工具与保险创新形成风险共担的市场化支撑;新兴领域治理挑战则指向前瞻性制度设计的迫切需求。这七大要素形成"技术迭代-制度适配-社会协同"的动态闭环,其协同效能的好坏直接决定了低空经济能否突破安全桎梏、化解伦理道德困境并实现规模化发展。

## 6.1　低空政策法规框架与合规体系

法律法规是由国家制定或认可的强制性规范体系,是国家治理的基石和社会运行准则。其核心功能在于维护社会秩序、保障公民权利、调整社会关系并规范公权力行使。我国法律体系是以宪法为根本法,涵盖法律、行政法规、地方性法规等多层级规范,形成统一协调的规范网络。

我国法律体系呈现层级化结构:宪法作为根本法确立国家制度与公民权利;法律由全国人大(基本法律)及其常委会(其他法律)制定;行政法规由国务院制定,兼具法律细化与职权立法功能;地方性法规由省级和设区的市人大及其常委会制定,适应区域治理需求。各部门法分工协同:刑法惩治犯罪并保障法益,民法调整平等主体关系兼顾实质公平,行政法约束公权力与规范市场秩序,经济法通过国家干预弥补市场失灵,程序法则保障实体权利的有效实现。

法律法规通过设定权利边界与行为准则,构建社会公平正义的底线。其实施依赖国家强制力保障,违法后果包括民事赔偿、行政处罚乃至刑事处罚。同时,法律体系具有动态适应性,随社会发展不断修订完善,例如近年(2021 年)新颁布的《中华人民共和国数据安全法》《中华人民共和国个人信息保护法》等,均回应了数字化时代的治理需求。现代法治强调程序正义与实体正义并重,要求立法民主、执法严格、司法公正、全民守法。法律法规的良性运行,既需要制度设计的科学性,也依赖公民法治意识的提升,共同推动社会在规则轨道上健康发展。

### 6.1.1 中国低空经济政策的法律文件

在低空经济政策层面,我国已基本构建从中央到地方的多层次政策体系,核心内容涵盖低空飞行保障体系建设、低空制造业发展、飞行应用场景拓展、科技创新能力提升及配套保障措施完善。中央层面通过《国家综合立体交通网规划纲要》等纲领性文件明确产业定位,地方政府则依托区域特色制定专项支持政策(如深圳对无人机研发的财政补贴),形成政策协同网络。

在低空经济法律层面,我国确立以《中华人民共和国民用航空法》为主体框架,辅以行政法规、地方性法规及部门规章的规范体系,主要包括:①行政法规:如国务院出台《无人驾驶航空器飞行管理暂行条例》,系统性规范无人机分类管理、适飞空域划设及协同监管机制;②地方性法规:如深圳市制定《深圳经济特区低空经济产业促进条例》,首创低空经济产业协调机制与空域协同管理规则,形成"政策-法律"高度协同的"深圳模式";③部门规章:如民航局等部门配套制定适航审定、飞行服务等实施细则(如低空通信导航数据接口协议)。当前体系仍需完善 eVTOL 等新型航空器专项规则,未来需通过政策与法律动态衔接、央地事权清晰划分(如空域管理国家事权与场景试点地方事权),实现低空经济可持续发展。

1)中央政策

2016 年国务院《关于促进通用航空业发展的指导意见》启动低空经济政策布局,2018年民航局等部门出台分类管理、机场建设及飞行服务保障体系文件,奠定了基础框架。2021 年《国家综合立体交通网规划纲要》首次将"低空经济"纳入国家战略,2022 年《"十四五"通用航空发展专项规划》明确无人机应用方向,2023 年中央经济工作会议将其列为战略性新兴产业,2024 年政府工作报告将其定位为"新增长引擎",同年工业和信息化部、科学技术部、财政部、中国民用航空局等四部门发布《通用航空装备创新应用实施方案(2024—2030 年)》,提出到 2030 年低空经济将形成万亿级市场规模。2024 年 7 月党的二十届三中全会进一步要求发展通用航空和低空经济,强化顶层制度设计。

2)各地政策

各地政府积极落实中央部署,将低空经济纳入区域发展规划。江苏、重庆、湖南、四川等省(区、市)出台省级通用航空条例,细化机场建设、空域划设及飞行服务规则,如《湖南省通用航空条例》覆盖规划建设与安全监管全链条。2023 年国务院《无人驾驶航空器飞行管理暂行条例》实施后,地方配套 80 余部管理办法(如北京、浙江无人机管理条例),划分管控、报备、自飞空域,强化生产、销售与飞行监管。深圳、广州等地率先通过地方立法(如《深圳经济特区低空经济产业促进条例》),探索空域协同与基建创新。

3)法律体系构建

低空经济法律框架以《中华人民共和国民用航空法》为核心,通用航空领域依托2003年《通用航空飞行管制条例》规范飞行安全,2020年修订《通用航空经营许可管理规定》对审批流程进行简化,2022年《通用航空安全保卫规则》强化载客货运安保。无人驾驶航空器领域以2023年《无人驾驶航空器飞行管理暂行条例》为纲领,实施分类管理(微型至大型),配套2024年《民用无人驾驶航空器运行安全管理规则》细化适航、资质与飞行规范。民航局发布20余部技术标准,地方通过专项立法(如《四川省通用航空条例》)衔接国家法规,形成"法律-行政法规-地方性法规-技术标准"多层次体系。

### 6.1.2　低空经济政策法律体系

1)低空经济政策体系

我国低空经济政策体系以中央顶层设计与地方细化实践协同推进,涵盖五大核心内容

(1)建设低空飞行保障体系。加速通用机场、无人驾驶航空器起降平台等物理基础设施建设,构建基于北斗、5G-A的低空智联网(如南京分阶段推进通信-导航-监测网络);通过"军地民"协同优化空域资源利用(如苏州协调军方与民航部门划设低空航路),并搭建监管平台整合航空情报、动态监控等服务。

(2)推动低空制造业发展。聚焦无人机、eVTOL等高端整机制造,培育全产业链(如芜湖依托航空维修优势发展整机项目),鼓励地方特色产业(如北京开发无人机反制系统)。

(3)拓展应用场景。推广无人机物流、UAM试点,强化农林植保、应急救援等公共服务应用,开发低空观光、航空运动等消费场景。

(4)提升科技创新能力。推动产学研合作,突破核心零部件及人工智能技术(如大模型在飞行控制中的应用)。

(5)完善保障措施。构建适航审定平台、安全监管体系,加快法规标准制定与人才培育。

2)通用航空法律体系

通用航空法律体系覆盖安全、适航、基建、经营及飞行管制五大领域。

(1)安全与适航。2022年《通用航空安全保卫规则》规范载客与货运安保,民航局发布相关文件简化了特殊用途航空器适航审定。

(2)基建与经营。民航局出台《通用机场分类管理办法》,细化机场管理,部分省份规划直升机起降点;2020年发布的《通用航空经营许可管理规定》对分类管理经营性活动做了规定,明确了许可条件。

(3)飞行管制。依据《通用航空飞行管制条例》,空域使用需审批,省级机构提升了审批效率;2013年扩展了九类需审批的特殊任务,2021年发布的《通用航空空管运行规定》区分了管制范围,并规定需提供导航、气象服务。

3）无人驾驶航空器法律体系

无人驾驶航空器法规聚焦全链条管理。

（1）分类与审批。2023 年《无人驾驶航空器飞行管理暂行条例》将无人机分为五类，中型、大型需适航审定，微型、轻型、小型在适飞空域免审批，并构建一体化监管平台实现动态监控。

（2）配套规则。2024 年《民用无人驾驶航空器运行安全管理规则》强化了适航、资质与飞行规范；地方（如北京、浙江）通过划分管控、报备、自飞空域，细化生产、销售与应急处置规则，确保公共安全。

### 6.1.3　低空经济政策法律协同实践

深圳市依托产业基础与立法优势，构建"政策 + 法规"双轮驱动体系。2022 年率先出台《低空经济产业创新发展实施方案》，明确了发展方向；2023 年提出打造"低空经济中心"并发布《支持低空经济高质量发展的若干措施》（简称《若干措施》）；2024 年通过全国首部专项法规《深圳经济特区低空经济产业促进条例》（简称《条例》），细化产业协调机制、企业培育、技术创新等五大领域，形成政策法规闭环。如《条例》衔接《若干措施》提出的配套环境建设目标，通过搭建数字化管理系统、推动标准制定（如 20 余项国标、行标）、创新财政引导机制等举措，实现"无人机企业逾 1730 家、年产值 960 亿元"的产业集聚效应。

苏州市以政策文件与地方规则突破推动低空经济布局。2024 年发布《低空经济高质量发展实施方案（2024—2026 年）》，并配套《苏州工业园区低空经济高质量发展行动计划（2024—2026 年）》《苏州市支持低空经济高质量发展的若干措施（试行）》等文件，强化产业链培育。同年 6 月推出全国首个"低空交规"——《苏州市低空空中交通规则（征求意见稿）》，提出 600m 以下空域分层管理机制，明确服务、运营、空域等规则，旨在拓展物流、交通、文旅等场景。尽管规则权限合理性待商榷，但其"先行先试"思路为地方立法提供了创新样本。

两地均通过"专项政策 + 特色立法"模式破解低空经济瓶颈：深圳以特区立法权保障政策落地，苏州以地方规则填补管理空白；同时聚焦应用场景（如深圳的数字化系统、苏州的空域分层），推动产业生态与基础设施协同发展。这种"政策牵引立法、立法固化政策"的互动机制，为区域低空经济法治化、规模化提供了可复制经验。

### 6.1.4　低空经济政策法律协同机制

1）政策与法律的动态协同

低空经济政策法律体系建设需强化政策与法律的互补机制。深圳通过《条例》与《若干措施》的衔接，构建了"政策试点-立法固化"的协同模式，例如针对 eVTOL 的适航审定，虽已通过个案审批（如亿航 EH216-S 获型号合格证），但现行法规仍沿用传统无人驾驶航空器框架，难以适配其载人运营需求。可借鉴欧盟《城市空中交通运行框架》，结合 eVTOL 技术特征，建立专项适航标准与空域动态管理规则，并通过政策激励（如四川对低空装备攻关项目给予最高 50% 财政支持）加速技术验证，推动法律体系迭代升级。

2）央地权责的纵向整合

中央与地方需形成"顶层设计-地方创新"的治理闭环。当前地方无人机管理办法与《无人驾驶航空器飞行管理暂行条例》存在许多冲突点,如:分类管理缺失、保险义务模糊、改装限制过度等。《苏州市低空空中交通规则(征求意见稿)》提出的 600m 空域分层管理,既落实了中央分类要求,又结合区域实际拓展物流、通勤场景;四川省级低空运行服务管理系统建设,通过数据共享平台实现审批流程标准化,避免政策执行碎片化,可供参考。

3）区域协同的差异化路径

三大城市群需探索特色化协同机制。

(1)京津冀。以安全为底线,构建"北京研发-津冀转化"链条,依托大兴机场与雄安新区的通勤航线试点,推动适航技术跨区域验证;同时强化公共安全联防(如天津无人机湿地巡检与北京安防系统联动)。

(2)长三角。聚焦经济效能,通过"两横两纵"低空航路网络整合物流优势(如杭州电商无人机试验区),借鉴苏州立法协同经验,建立跨省飞行数据互认机制,降低企业合规成本。

(3)粤港澳大湾区。破解跨境规则壁垒,协调内地与香港特别行政区、澳门特别行政区在无人机分类(重量、性能指标)、保险责任(强制险额度差异)等关键条款,可考虑深圳前海"沙盒监管"模式,试点 eVTOL 跨境飞行特殊通道,同步推进数据跨境流动合规体系建设。

## 6.2 工程伦理与责任边界

工程伦理是伦理学在工程领域的应用分支,属于应用伦理学范畴。它以工程活动中的社会伦理关系为研究对象,强调工程师需在技术实践中融入道德判断,确保工程行为符合"人伦之理"和"做人之理"。其核心要求:

(1)道德规范与行为准则:工程师需在设计、施工、管理等环节中遵循安全性、可持续性、社会责任等原则。

(2)利益平衡:需兼顾技术可行性、经济效益与社会福祉,例如低空充电站的设计需考虑安全性与生态影响。

工程伦理起源于 20 世纪 70 年代,随着工程活动对社会影响的扩大,逐渐形成系统化的道德价值体系。工程伦理学融合理工科与人文社科,涉及科学、技术、经济、环境等多要素的集成优化,借助普通伦理学的理论框架(如善恶、义务等),解决工程实践中的具体道德问题。

工程伦理对工程师至关重要,因其直接关联公众安全与长期福祉。例如,工程师需对可预测的工程后果负责,并通过职业行为树立行业公信力。

低空领域技术革命的三大特征:空间维度革命(三维空域权属重构)、技术集成突破(5G-AIoT-北斗深度融合)与应用场景颠覆(物流/UAM 普及),带来的伦理问题集中体现于空域资源分配的公平性争议、算法决策的透明性与责任归属模糊以及技术红利与社会成本(如隐私侵犯、生态破坏)的失衡风险,导致伦理风险产生倍增效应。如通过波士顿矩阵分析显示:78%新型应用缺乏明确法律框架(国际民航组织2023)监管盲区风险;复合系统故障概率呈指数级增长。通常,公众风险感知与技术发展之间存在一定的认知时间滞差。

以下是两个具有代表性的低空技术与工程伦理问题案例,结合技术应用、法律争议与社会影响进行深度剖析:

### 案例一:重庆永川无人机失控伤人事件

事件经过:2022年8月,重庆永川人民广场发生一起无人机失控坠落事件。一架无人机因操作失误或技术故障从高空坠落,砸断行道树枝丫,随后击中一名女童头部。尽管伤者经治疗后康复,但事件引发公众对低空飞行器安全性的强烈质疑。据调查,肇事飞手未遵守当地关于"禁止在人口密集区域飞行"规定,属于典型的"黑飞"行为。伦理冲突与问题:

(1)安全责任与技术可靠性。无人机失控涉及飞手操作规范、设备质量(如电池稳定性、避障系统灵敏度)等多重因素。此次事件暴露了低空技术应用中"人-机-环境"协同失效的伦理风险——飞手缺乏专业培训、无人机安全冗余设计不足、公共区域监管缺位。

(2)利益分配与公众权益。无人机应用带来的商业便利(如航拍、物流)与公众安全权之间存在矛盾。飞手追求个人兴趣或经济利益时,可能忽视对公共空间安全的影响,导致"技术红利"与"社会成本"失衡。解决路径如下:

①技术层面。推广配备强制避障系统与紧急迫降功能的无人机,如"九天航驭"平台通过厘米级定位与AI算法提升飞行安全。

②法律层面。完善《无人驾驶航空器飞行管理暂行条例》,明确飞手资质认证与禁飞区执法细则。如《湖南省无人驾驶航空器公共安全管理暂行办法》已将"危害他人安全"列为禁止行为。

③伦理教育。推动飞手参与AR模拟训练(如虚拟紧急避险场景),强化责任意识。

### 案例二:苏州市低空交通规则制定权争议

事件背景:2024年7月,苏州市发布全国首部地方性低空交通规则——《苏州市低空空中交通规则(试行)》,涵盖空域管理、飞行活动审批等内容。然而,该规则引发业内争议:部分专家认为空域管理权属于中央(由军方和民航局统筹),地方政府无权制定此类规则。伦理冲突与问题:

(1)中央与地方权责边界。低空经济需平衡国家安全与地方发展需求。苏州尝试通过地方立法填补监管空白,但可能挑战现行空域管理体制,引发"法规碎片化"风险。

(2)技术标准与法律适配性。低空技术迭代速度快于立法进程。例如,无人机集群物流需动态空域分配,但现有法规未明确如何协调"实时空域共享"与"传统审批制",导致企业面临合规困境。解决路径如下:

①治理机制创新。借鉴重庆"九天航驭"平台的中央-地方协同模式,通过数字孪生技术构建空域动态管理试点,为全国性立法提供数据支撑。

②法律框架分层。明确中央负责空域主权与基础规则,地方可根据区域特点制定实施细则。如武汉划定 10 处可飞空域,济南推行"监管沙盒"试验,平衡创新与安全。

③多方利益协调。引入公众参与机制,如上海陆家嘴低空走廊规划中,通过区块链技术实现空域使用权的透明化分配,兼顾商业开发与市民"视觉权"。

以上两个案例揭示了低空技术发展中的核心伦理矛盾:技术进步与安全保障的博弈、个体自由与公共利益的权衡。需构建"技术-法律-伦理"三位一体的治理体系解决这类问题,如青岛地铁采用"无人机 + AI 算法"实现自动识别违规作业,降低人为监管滞后性;低空经济跨学科培养兼具技术能力与伦理意识的复合型人才。总之,低空经济需在创新与规范间寻找平衡点,确保技术发展始终服务于人类福祉。

通过以上案例分析,低空技术(如无人机、eVTOL 等)的工程伦理与责任边界涉及技术研发、运营管理到社会影响的全链条,其核心矛盾体现在技术理性与人文价值的博弈。

1)工程伦理的核心矛盾

(1)隐私权与公共安全的边界冲突。低空设备搭载的传感器无差别采集数据,例如无人机物流配送中的用户健康信息可能被商业滥用。同时,公共安全监控需求(如反恐雷达系统)与隐私保护的平衡成为难题,北京曾因空域监控数据泄露引发富人出行路线黑市交易事件。伦理要求建立数据主权分层机制,区分公共安全数据与个人敏感信息的使用权限。

(2)自动化决策的伦理困境。无人机或 eVTOL 在紧急避险时面临"电车难题",优先保护乘客还是减少伤亡? 深圳某运营商将乘客通勤数据出售给保险公司,用于保费差异化定价,暴露算法歧视风险。由此,需构建伦理决策树模型,通过联邦学习技术实现多方利益博弈下的最优解。

(3)技术便利与社会公平的失衡。空中出行服务因成本高昂形成"空中阶级",三亚高端楼盘溢价 120% 出售"反无人机屏障"户型,而普通居民承受航道干扰。伦理责任要求建立普惠性基础设施基金,例如通过碳交易收益,补贴欠发达地区低空交通网络建设。

2)责任边界的划分难点

(1)制造商与运营商的动态责任划分。产品缺陷(如飞控系统漏洞)与操作过失(如超规改装)可能形成责任串联。例如某 eVTOL 因起落架材料缺陷(制造商责任)叠加热带环境防腐检查缺失(运营商责任)导致事故,需按技术依赖权重比划分主次责任。制造商可通过区块链适航档案,实现设计验证不可篡改,运营商则需部署 RAMS 系统实时监控关键部件寿命。

(2)人机协同操作的责任真空。无人机飞手与 AI 系统的控制权交接存在灰色地带,如成都某农业无人机因飞手疲劳操作与雾化系统改装缺陷,共同导致污染事故,暴露混合过错责任认定难题,由此需建立飞行记录仪双签名机制,同步记录人工指令与算法决策路径。

(3)跨境空域规则冲突。粤港澳大湾区因内地与香港特别行政区、澳门特别行政区无人机分类标准差异(性能指标、重量)、保险规则不同(内地无强制险,香港地区最低500万港元保额),导致跨境通航合规成本增加30%。由此,建议建立规则互认沙盒,例如前海试点区允许三地飞行器在特定空域适用共同标准。

3)环境伦理的延伸责任

(1)生态补偿机制缺失。无人机航拍可能干扰鸟类迁徙,青海曾发生高原无人机巡检导致藏羚羊种群应激反应事件,需将生物多样性影响评估纳入适航认证,例如设置禁飞期避开动物繁殖季。

(2)绿色技术路径选择。电动垂直起降(eVTOL)的电池回收体系尚未完善,存在重金属污染风险,建议参考欧盟《城市空中交通碳足迹核算指南》,强制企业披露全生命周期环境成本。

4)法律与伦理的协同路径

(1)动态立法机制。针对 eVTOL 等新技术形态,深圳通过"政策试点-立法固化"模式,在《低空经济产业促进条例》中设立技术中立条款,预留法律解释空间。

(2)伦理审查委员会制度。成都成立低空经济伦理委员会,引入公民陪审团参与算法设计审查,对涉及隐私的数据处理方案实施一票否决制。

(3)保险产品的伦理约束。人保财险推出"低空保"附加条款,将企业 ESG 评级与保费挂钩,对违规使用数据的运营商实施 3 倍惩罚性保费。

低空技术的伦理责任体系需构建技术-制度-社会三维治理框架;通过联邦学习、区块链实现透明化;建立动态法律沙盒与伦理审查;推动公众参与式治理。唯有如此,才能破解"监控合法化""算法剥削"等伦理困局,实现技术向善的终极目标。

## 6.3 全域安全管理体系

全域安全管理体系是一种综合性的安全治理框架,旨在通过多层次、多维度的技术、制度和机制整合,实现对区域、行业或组织的全方位、全流程、全要素安全风险防控。其核心目标是通过数据驱动、智能化手段和多方协同,提升安全管理的系统性、精准性和动态响应能力。

1)空域分层与动态管控体系

(1)空域分级管理。依据《无人驾驶航空器飞行管理暂行条例》,将空域划分为管制空域(如机场净空区、军事禁区)和适飞空域(微型无人机真高 50m、轻型 120m 以下自由飞行)。深圳、苏州等地试点空域动态分层,通过 AI 算法实时监测气象数据、空域拥堵信息,动态调整禁飞区范围。例如,电力低空管控平台基于输电线路周边无人机热力图,自动扩展"预警圈"半径,防范高密度飞行风险。

(2)智能地理围栏与反制技术。部署不可篡改的地理围栏系统,强制厂商与空管部门数据共享,消除人为解锁漏洞。固定式反制设备(如北京部署的全民低空雷达系统)可自动干扰"黑飞"无人机信号,单兵式装备(如舟山警用无人机巡航系统)实现现场快速驱离。

2)技术防控与数据中枢

(1)全域监测网络。融合北斗定位、5G-A 通信、雷达基站构建"空天地一体化"监控网络。杭州建成 187 个雷达基站,实现厘米级定位精度;深圳整合飞行器全生命周期数据,实时追踪航速、高度等关键参数;青岛通过无人机测绘构建覆盖全市陆域 1.1 万 km² 的高精度模型,为环境风险防控提供空间决策支持。

(2)智能预警与决策支持。低空智联网平台通过飞行热力图、风险评分模型预判事故高发区域。如针对农业无人机高频作业区,划定临时管制时段,减少与电力设施冲突概率;珠海航展期间,多部门通过数据共享平台联动监测,实时拦截异常飞行器 32 架次。

3)协同治理与应急响应

(1)跨部门联动机制。建立民航、公安、应急管理部门数据互通平台,推行"飞行数据实时上报-风险事件联合处置"模式。济阳县通过"天网工程"整合 5800 个监控点位,实现刑事发案下降 44.1%。舟山新城分局构建"空地一体"防控网,无人机巡航发现环境违法线索后,10min 内完成取证并联动城管执法。

(2)应急响应标准化。制定《低空飞行应急操作手册》,明确机械故障、天气突变等 12 类突发场景处置流程。成都彭州市通过 VR 模拟器训练飞手,将高层灭火响应速度提升 6 倍。深圳建立事故容错机制,允许开发期企业在一定风险阈值内试错,同时强制投保"低空保"责任险分散风险。

4)人员与制度保障

(1)资质认证与行为规范。实施三级认证体系,其中基础层(CAAC 无人机驾照)、专项层(eVTOL 适航证)、高阶层(动态空域规划师)。苏州工业园区推行"飞手星级评定",将避障操作、紧急制动等技能纳入考核,淘汰率高达 23%。

(2)法律与伦理约束。深圳《低空经济产业促进条例》首创"数据主权分层"机制,区分公共安全数据与个人隐私权限;成都成立低空经济伦理委员会,对涉及生物识别数据的应用实行公民陪审团一票否决制;香港《小型无人机令》将违规飞行定性为刑事犯罪,最高可处监禁 2 年。

5)未来演进方向

(1)技术融合创新。探索"区块链 + 无人机"架构,实现飞行数据不可篡改(如亿航 EH216-S 适航档案上链存证);研发脑机接口操控系统,减少人为操作失误。

(2)区域协同升级。粤港澳大湾区试点"规则互认沙盒",统一三地无人机分类标准

（性能指标 vs 重量），跨境通航审批效率提升40%。前海试验区允许适用共同保险规则，破解内地与香港500万港元保额差异难题。

立体化风险防控网络的构建，标志着低空安全管理从"被动响应"转向"主动预警"，为 UAM 和无人机物流的规模化应用奠定安全基石。

## 6.4 环境评估与可持续发展

低空经济环境评估与可持续发展是通过科学规划、动态监管实现生态保护与经济增长协调的核心机制。环境评估作为预防性工具，系统分析政策或项目对生态的潜在影响，通过法定流程推动决策优化，例如中国环评法要求重大项目调整设计以规避生态风险；可持续发展则以经济、社会、环境平衡为目标。环境评估为可持续发展划定生态红线，二者的制度协同与技术赋能，重塑人类与自然共生关系，推动文明向绿色转型。低空经济的环境评估与可持续发展需构建科学评估体系与绿色技术路径的双向协同机制，以实现经济效益与生态保护的动态平衡。

1）全周期风险管控的环境评估体系

（1）多维度评估方法。采用定性与定量结合的综合评估模式，通过文献调研、模型模拟（如声学模型预测噪声传播）及现场实测（如声级计监测噪声污染）识别关键影响因子，涵盖噪声、空气质量、电磁干扰及生态扰动等维度。例如，成都彭州将无人机飞行数据与城市三维模型结合，动态评估植被破坏指数。

（2）全生命周期影响追踪。从研发到报废阶段实施碳足迹核算，参考欧盟《城市空中交通碳足迹核算指南》，强制企业披露电池回收率、重金属污染等数据。青岛通过无人机测绘每年更新 $2.08km^2$ 城市数据，支撑环境基线评估。

引入公民陪审团机制（成都模式）审查数据采集边界，避免健康信息滥用；通过 VR 模拟器让公众体验飞行噪声影响，提升评估透明度。

2）低碳化创新驱动的绿色技术路径

（1）清洁能源技术突破。大力推广电动航空器，亿航 EH216-S 采用分布式电推进系统，续航超过300km，充电时间缩短至2h。加快氢能源应用，深圳试点氢能充电站网络，结合轻量化材料（如碳纤维机身）提升能效。开展飞行器低噪设计，优化旋翼气动布局，将无人机作业噪声降至65dB以下（低于城市交通噪声）。

（2）智能监控与生态补偿。开展空天地一体化监测，杭州部署187个雷达基站实现厘米级定位，结合北斗系统追踪飞行器排放。实行生态敏感区保护，青海设置野生动物避让区，在鸟类繁殖季实施禁飞；深圳通过卫星影像 AI 算法动态调整禁飞范围。

（3）循环经济模式探索。建立"生产-使用-再生"闭环的电池回收体系，强制企业提高回收率。推广绿色制造认证：对采用易回收材料（如铝合金、生物基高分子）的航空器给予税收优惠。

3）制度保障创新

（1）动态立法与标准互认。深圳《低空经济产业促进条例》首创碳足迹认证指标，粤港澳大湾区试点"规则互认沙盒"，统一三地无人机排放标准，跨境通航效率提升40%。

（2）市场化激励机制。开发绿色金融工具，人保"低空保"将企业ESG评级与保费挂钩；中信金租提供10亿元授信支持绿色航空器量产。推广生态补偿基金，从碳交易收益中提取30%补贴欠发达地区低空基建，缩小城乡技术鸿沟。

（3）产业协同与人才培养。苏州工业园区推行"飞手星级评定"，将环保操作纳入考核（如农药精准喷洒技能）；深圳高校开设"低空运维微专业"，培养5G-A通信调试与碳管理复合型人才。

低空经济的可持续发展需以科学评估锚定风险边界，以绿色技术重塑产业基因，以制度创新打破路径依赖。通过环境评估的精准量化、清洁能源的规模化替代及政策工具的市场化激励，中国正探索一条兼顾生态安全与经济效率的新型空中交通发展路径，为全球低空治理提供"技术-制度-社会"协同的范式样本。

## 6.5 职业能力标准与行业认证

职业能力标准与行业认证是规范职业素养、提升人才适配性的核心机制。职业能力标准由国家、行业或企业制定，明确特定岗位所需的知识、技能与职业素养，中国《国家职业资格目录》细分技能等级，规定职业操作规范；行业认证则是第三方机构对从业者能力的评估与认可，例如PMP（项目管理认证）、CPA（注册会计师）等国际通用资质。二者通过"标准设定-培训-考核-认证"闭环，确保人才质量与行业需求精准匹配。其价值体现在三方面：一是规范就业市场，通过统一标准减少信息不对称；二是驱动职业发展，认证体系为从业者提供进阶路径；三是促进产业升级。当前趋势呈现动态化、国际化及数字化，未来将更强化产教融合与终身学习导向，支撑经济高质量发展。

低空技术职业能力标准与行业认证体系的构建，是保障低空经济高质量发展的重要基石。当前我国已形成覆盖多维度、多层级的人才质量保障机制，具体框架如下。

1）多维职业能力标准体系

（1）基础理论标准。包括航空法规（如《中华人民共和国民用航空法》《无人驾驶航空器飞行管理暂行条例》）、空气动力学、航空气象学等基础知识，要求从业人员通过笔试考核（如选择题、案例分析题）验证理论储备。例如深圳试点将《低空经济产业促进条例》专项条款纳入考试范围。

（2）实践技能标准。飞行操控能力：涵盖多旋翼、垂起固定翼无人机的起降、航线规划、复杂环境飞行等实操考核,使用 VR 模拟器复现城市峡谷等极端场景;设备运维能力:要求掌握无人机动力系统检测(如电池循环寿命评估)、导航设备校准等技能,珠海航展期间已应用动态故障排除考核机制;应急处置能力:通过模拟引擎失效、通信中断等突发状况,测试飞手决策反应速度(深圳要求 30s 内启动应急预案)。

(3)职业素养标准。建立包含职业道德(如数据隐私保护意识)、团队协作(多机组协同作业模拟)、创新思维(无人机应用场景开发)的考评维度,成都试点引入公民陪审团参与面试评分。

2)分级行业认证体系

(1)基础操作层认证。CAAC 执照体系:分视距内驾驶员(VLOS)、超视距驾驶员(BVLOS)等级别,2024 年起强制要求 4kg 以上无人机持证飞行;专项应用认证:如大疆 UTC 认证覆盖航拍、植保、巡检方向,要求完成 200h 行业实操训练。

(2)技术管理层认证。无人机群飞规划员:2025 年新增国家职业,考核三维空域建模、分布式集群算法设计能力,深圳企业开出 50 万年薪招聘持证专家;适航审定工程师:参与 eVTOL 适航认证,需掌握 ASTM 国际标准与 CAAC 适航规章衔接能力。

(3)高阶创新层认证。包括低空智联网工程师(5G-A 通信组网能力认证)、航空保险精算师(风险量化建模能力),合肥对持证者给予人才补贴。

3)动态继续教育机制

(1)知识更新要求。每 2 年需完成 40 学时继续教育,内容涵盖新技术(如脑机接口操控)、新法规(跨境空域规则),惠州试点通过 VR 远程教学平台实现实时更新。

(2)技能进阶通道。建立"飞手-教员-专家"三级晋升体系,苏州工业园区将农药精准喷洒误差率(<5%)作为星级评定的核心指标。

(3)伦理审查制度。成都设立低空经济伦理委员会,对涉及生物识别数据的应用实行继续教育一票否决制。

4)区域协同发展实践

(1)粤港澳大湾区认证互认。前海试点建立"规则互认沙盒",允许三地持证人员在 200m 以下空域通用资质。

(2)产教融合培养。惠州联合华中工研院打造"培训-考核-认证-就业"全链条体系,对考取 CAAC 执照者给予补贴。

(3)标准化考场建设。深圳龙岗建成空天地一体化实操考场,集成北斗定位、气象监测设备。

(4)行业影响与趋势。就业规模:人社部预测 2025 年低空领域将新增 50 万+岗位,其中无人机群飞规划员需求增速达 300%;薪资水平:资深飞控工程师年薪突破百万,适航审定专家月薪中位值达 3 万~5 万元;政策支持:无锡等地对考取 CAAC 超视距执照者给予培训补贴,推动"持证上岗"成为行业规范。

该体系通过"标准牵引-认证分级-教育迭代"的闭环机制,有效破解了低空领域技能断层、安全风险等问题。随着《低空经济促进法》立法加速,职业能力认证将向智能化(AI 监考系统)、国际化(EASA/FAA 互认)方向深化,为万亿级低空经济市场提供坚实人才支撑。

## 6.6　金融工具与保险创新

金融工具与保险创新是通过产品设计、技术应用与模式变革优化资源配置、分散风险并提升社会韧性的核心机制。金融工具创新聚焦风险与收益的再平衡,保险创新则强调风险管理的精准化。二者协同作用:金融衍生品(如巨灾债券)与再保险结合,将自然灾害风险转移至资本市场;智能合约自动执行赔付,提升效率;小额信贷保险降低低收入群体融资门槛,促进普惠。当前需平衡创新与监管,防范数据安全与伦理风险。包括数字孪生技术模拟风险场景、保险科技与碳金融融合(如碳捕获保险),推动金融体系向高效、包容、可持续方向演进。低空经济的金融工具与保险创新已形成多层次风险共担机制,通过产品创新、制度优化和生态协同构建市场化支撑体系。

1)金融工具创新加速商业化落地

(1)金融租赁模式突破重资产瓶颈。头部金融机构通过"采购订单 + 租赁服务"模式,为 eVTOL 等高端装备提供资金支持。例如中信金租与峰飞航空签订 100 架航空器订单,浦银金租提供超 10 亿元租赁服务,将制造商的研发成本转化为运营方的分期支付费用,降低市场准入门槛。此类合作还包含"租金与飞行量挂钩"的收益分成机制,实现风险收益动态匹配。

(2)绿色金融工具赋能可持续发展。人保财险推出 ESG 评级挂钩保费产品,对采用清洁能源技术的企业给予30%保费优惠。江苏建立"碳交易收益 + 生态补偿基金"机制,将30% 碳交易收入用于补贴低空基建,破解欠发达地区设备采购难题。

(3)资产证券化分散资金压力。中信海直与峰飞航空合作案例中,采用 ABS 工具对 100 架订单进行现金流分层设计,通过发行低空经济专项债券募集资金,缓解企业流动性压力。

2)保险产品创新构建立体保障

(1)全场景专属保险矩阵成型。人保"低空保"已形成主险(机身损失/第三者责任)与附加险(操作失误/通信故障)的立体保障,覆盖研发、制造、运营全链条。深圳试点将网络安全、数据泄露等新型风险纳入保障范围,单项目最高保额达 539 万元。

(2)第三者责任险标准化突破。中再产险与太保产险联合发布国内首个无人驾驶航空第三者责任险示范条款,建立事故责任划分的"比例过失"原则,明确制造商、运营商、空域管理者的责任权重。例如 eVTOL 事故预设制造商与空域管理者各担 50% 责任。

(3)动态定价机制应对技术迭代。平安产险开发"风险评分模型",结合飞行器性能参数(如电池循环寿命)、环境数据(电磁干扰指数)实时调整保费,珠海试点中通过 187

个雷达基站的厘米级定位数据实现精准定价。

3）风险共担机制优化产业生态

（1）多方主体协作平台构建。深圳建立"保险＋政府＋企业"三方联动机制，将保险产品嵌入低空经济管理平台，实现风险预警与快速理赔的闭环。南京通过"飞行数据实时上报-联合处置"模式，航展期间成功拦截异常飞行器32架次。

（2）政策工具引导产品创新。金融监管总局将低空保险纳入绿色金融发展纲要，强制要求适航认证企业投保第三方责任险。广东出台全国首个地方性示范条款，明确无人机"交强险"雏形，事故赔偿基金对受害者先行赔付。

（3）科技赋能风险减量服务。帆陌科技等保险科技公司开发无人机风险精算模型，通过5G-A通信实时监测5万＋飞行器状态，提前预警电池过热等隐患，使深圳农业无人机事故率显著下降。

4）挑战与发展趋势

当前仍面临法律衔接滞后（如跨境空域责任认定）和数据壁垒（制造商与险企数据共享不足）等挑战。未来趋势是：

（1）智能化定价：脑机接口操控数据将纳入保费计算因子。

（2）跨境互认机制：粤港澳大湾区试点"规则互认沙盒"，统一三地保险保额标准。

（3）生态化产品：可能出现"飞行小时包"保险，将保障与空域使用时长绑定。

通过上述创新，我国低空经济保险市场规模预计2035年突破百亿，形成"技术验证-资产流转-收益闭环"的成熟生态，为万亿级产业规模提供安全底座。

## 6.7 新兴领域治理挑战

低空技术作为新质生产力的典型代表，其快速发展的背后暴露出治理体系与产业需求之间的结构性矛盾，亟须构建前瞻性制度框架以应对以下核心挑战：

1）法律体系滞后性与空域权责模糊化

（1）立法层级不足与规则碎片化。当前低空管理主要依赖《中华人民共和国民用航空法》等传统法规，缺乏针对无人机、eVTOL等新载体的专项立法。例如，无人机的适飞空域划分仍停留于地方试点阶段，全国统一实施细则尚未形成。而《无人驾驶航空器飞行管理暂行条例》虽填补部分空白，但部门规章与地方政策存在权责交叉（如公安与民航监管冲突），导致"黑飞"查处效率低下（如苏州R44直升机坠毁事故暴露审批漏洞）。

（2）空域资源利用效率低下。我国1000m以下空域开放比例不足5%，远低于美国的70%，且存在"三审"（军航、民航、地方审批）冗余问题。军民协同机制尚未打通，导致粤港澳大湾区等空域密集区频繁出现航线冲突。需借鉴欧盟U-space系统经验，建立动态空域释放机制，通过AI算法实现空域资源智能调度。

2）技术标准缺失与安全监管压力

（1）适航认证与核心技术瓶颈。eVTOL 等新型航空器面临适航审定标准缺失，企业研发周期延长 30% ~50%。主控芯片、精密传感器等核心零部件国产化率不足 40%，飞行控制算法、电池循环寿命等技术指标缺乏统一认证体系。国家发展改革委已要求严查无适航证飞行，但检测能力仅覆盖注册量的 60%。

（2）智能化监管工具不足。传统监管手段难以应对 10 万 + 无人机实时监控需求，现有系统对"黑飞"识别延迟达 15min。需加速建设"低空交通一张网"，整合北斗定位、5G-A 通信、智能地理围栏等技术，实现厘米级定位与 48h 风险预警（如深圳试点事故率下降 67%）。

3）基础设施薄弱与产业生态失衡

（1）通用机场与数字基建缺口。全国通用机场仅 449 个，且 73% 集中于沿海地区，中西部低空物流网络覆盖率不足 20%。无人机起降场、充电桩等新型基建缺乏建设标准，导致美团无人机 55 条航线中 30% 因设施不达标停运。需参考欧盟《城市空中交通碳足迹核算指南》，将绿色基建要求纳入土地规划审批。

（2）商业模式与人才断层。通航企业盈利模式单一，80% 依赖政府补贴，而无人机物流等新业态面临保险产品匮乏（如第三者责任险保额缺口达 500 亿元）。复合型人才缺口超 50 万，飞控工程师、适航审定专家等岗位薪资溢价达 300%。

4）前瞻性制度设计路径

（1）立法突破与标准互认。加速制定《低空空域管理条例》，明确空域权属、收益分配及跨境规则（如粤港澳大湾区"规则互认沙盒"提升审批效率 40%）。推动适航标准与国际接轨，建立"技术验证-商业试运行-规模应用"三阶段审定流程。

（2）动态治理与风险容错。建立"飞行小时包"保险等市场化风险分担机制，允许企业在限定空域开展技术试错（如深圳设定 30% 风险阈值）。推广成都伦理审查委员会模式，对生物识别数据应用实行公民陪审团一票否决。

（3）基础设施与产业协同。设立低空经济专项基金，将 30% 碳交易收益用于中西部起降场建设。推动"通航 +"场景融合，开发航空运动、应急救援等 200 + 新型服务目录，培育千亿级市场空间。

低空技术的治理革新需突破"先发展后规范"的传统路径，通过法律先行、技术筑基、生态共治的三维框架，实现安全红线与创新活力的动态平衡。这不仅是产业健康发展的必然要求，更是中国参与全球空域治理规则制定的战略机遇。

## 6.8 本章小结

作为技术与社会的交叉领域，低空产业不仅依赖技术突破，更需构建涵盖政策法规、安全伦理、环境协调、职业认证及金融创新的全链条治理生态，这对从业者的知识与能力提出复合型要求。本章聚焦低空技术的社会治理与系统性支撑体系,揭示低空经济规模化发展所需的制度保障与能力框架。知识体系层面,低空人才须具备以下核心素养:政策与法律知识、工程伦理与责任意识、系统安全与风险管理、行业认证与金融工具。能力要求层面,需强化四重能力:合规分析与政策适配能力、多利益相关方协同能力、风险预测与韧性构建能力、跨域资源整合能力。低空社会治理的复杂性要求从业者兼具"技术硬实力"与"治理软实力",通过伦理自觉、全局视野与动态学习能力,应对新兴技术带来的挑战,为低空经济的稳健发展注入可持续动能。

# 第7章 低空经济问题对策与产业链人才培养

低空经济作为新兴的经济形态,具有辐射面广、产业链条长、成长性和带动性强等特点。目前,我国低空经济进入快速培育阶段,产业环境持续优化,产业链基础良好。但同时其发展过程中也存在基础设施建设进展缓慢、关键核心技术薄弱、市场体系发展滞后、管理体系建设亟待完善等问题。对此,聚焦重点行业和领域,夯实低空服务基础设施支撑,强化低空经济核心技术攻关,带动技术突破和应用迭代发展,加大相关配套政策支持力度,大力培育发展新产品新模式新业态,进一步探索多样化、可持续的低空经济价值释放路径。

## 7.1 低空经济面临的主要问题及对策

低空经济作为我国战略性新兴产业,发展潜力巨大,但在迈向规模化、商业化过程中,面临基础设施短板突出、核心技术受制于人、市场体系发展滞后、多头管理与监管空白并存等多重挑战。因此,必须加快基础设施建设,突破核心技术壁垒、拓展应用场景与市场、完善政策与法规体系、强化人才培养与资本支持。

### 7.1.1 低空经济面临主要问题

2021年以来,我国低空经济进入快速培育阶段,产业发展迎来新契机,部分技术处于全球第一梯队,低空创投领域热度较高。目前,我国在无人机研发设计、装备制造、新一代通信技术等领域占据全球领先地位;关键零部件龙头企业优势显著,在电池、航空材料和飞行控制系统等细分领域具备全球领先技术水平;此外,我国低空创投领域热度较高,2022年全国低空经济相关投融资规模已突破百亿,生产端主导发展趋势明显。一方面,我国低空经济产业发展基础粗具雏形,凭借完整的制造业体系,原材料供给、软件设计、关键零部件制造、整机装配和服务配套等上下游环节完备,产业链发展基础较为扎实;另一方面,生产端主导发展趋势明显,仅无人机产业价值链原材料、零部件和整机制造等中上游环节产值占比达70%,设计测试和运营服务各占15%,消费需求端的产值仅为全产业链的15%左右。

全国各省(区、市)积极部署推广低空经济,产业发展呈现良好态势。湖南省强化低空空域管理体制优势,成为全国首个全域低空空域管理改革试点拓展省份,但也存在基础设施建设进展缓慢、关键核心技术仍较薄弱、市场体系发展滞后、管理体系建设亟待完善等问题,制约低空经济高质量发展。具体表现在:

(1)硬件基础设施供给不足,软件基础设施建设亟待加强。虽然近年来我国通用机场数量不断增加,地面服务保障设施持续完善,但仍存在通航机场数量较少、地区分布不均衡等问题。截至2024年12月31日,我国在册管理的通用机场数量为475个,统计口径不含私人机场,仅为美国公共通航机场数量的11%左右;全国通航使用低空空域不足30%,且分布不均、未能成网连片,特别是重点区域覆盖率不足,难以满足多元化的服务需求。此外,城市空管信息系统、空域管理辅助系统、飞行服务站系统、城市立体交通网等分散在航空、通信等不同领域中,整合难度较大。同时现有的感知探测基础设施和低空通信效果差、速度慢、规模小、管理低效,影响低空经济高质量发展。

(2)低空经济技术成熟度不高。我国低空产业在关键技术、核心设备等方面对外依存度较高,难以形成竞争优势。我国航空发动机、航电系统等核心技术方面主要依赖进口,缺乏自主创新能力;面向UAM的eVTOL至少需要达到400Wh/kg,而目前成熟的eVTOL电池能量密度仅有285Wh/kg,远低于航空燃油的比能量,仅能勉强满足小型全电飞行器短程飞行需要;关键核心技术壁垒相对较多,目前我国在通用航空领域存在显著的技术短板,整机和发动机主要依赖进口,低空核心零部件及关键材料研发能力不足,部分核心系统依赖进口,严重制约城市低空经济自主创新能力和发展速度,如无人机制造所需的主控芯片、智能仪器仪表和传感器等关键核心元器件尚不能完全自主掌握。

(3)应用场景普及率较低。我国低空经济主要用于农业植保、旅游观光、短距离配送、医疗急救、消防应急、抢险救灾等场景,缺少成熟的商业模式和稳定的盈利模式;低空经济产品缺乏价格优势,以eVTOL等航空器为例,产品造价高、载客量较少,应用初期主要服务对时间敏感、愿意支付更高费用的小范围群体,距离全社会规模化推广普及相对遥远,消费潜力尚未充分激发。我国各地陆续开展数量众多的直升机观光、空中游览等低空航空旅游项目,但仍无法充分满足不同层次消费需求。与美国等国家相比,当前我国通用航空主要集中在工农业和社会公共服务类,占市场总额的80%以上;而公务飞行和私人飞行只占18%左右,且全国能够实现全年持续稳定运行的通用航空线路不足10%,而美国的私人、公务、商务飞行及旅游观光类的飞行总时间占比达到65%左右。

(4)产业链结构性失衡。地方政府和企业盲目跟风,导致同质竞争和技术重复开发;"黑飞""乱飞"现象频发,空域管理标准缺失,威胁航空安全;原材料、零部件和制造环节占比70%,运营服务仅15%,消费端需求未被充分激活。

此外,全国低空经济全域协同发展机制尚未建立。目前,由于低空空域管理缺少总体规划和分类指导细则,各地发展战略规划呈现碎片化状态。尽管各地区已形成多个低空经济产业园区,并在不同领域展开布局,但地区间缺乏整体谋划和协调,存在发展不统一、资源利用不高效等现象。同时存在多头管理现象,造成省际协同发展难度较大等问题。

低空经济发展"多头管理"与"管理空白"并存。多头管理导致审批流程复杂,影响低空飞行效率,"一站式"飞行审批机制尚未完善,存在飞行计划申报渠道单一、飞行审批报备流程复杂、审批时间过长等现象;此外,低空运营管理体制仍不完善,缺乏全国统一的技术规范和标准。低空划设、信息化构建、有人机与无人机的协同管理等有待突破,低空空域分类划设标准、各类空域准入条件与使用规则、通航飞行审批程序、空管服务保障模式等仍需进一步明确,相关保障服务功能亟待加强。

### 7.1.2 发展对策

1)加快基础设施建设

加快低空经济硬性基础设施建设,完善起降基础设施网络体系,加大通用机场建设力度,规划建设一批无人机小型起降平台、中型起降场、大型起降枢纽、eVTOL 起降场、直升机起降平台,建设低空飞行服务站、充换电及公共测试场以及全空间无人系统等相关基础设施,完善路网、电力等基础设施,增补低空航空气象监测设施,强化通用机场、起降场地等平战转换功能;推进低空经济软性基础设施建设,充分利用物联网、云计算、人工智能等技术,布局通信感知一体化低空智联网,开发低空新航行系统。推进低空数字基础设施建设,集成利用卫星导航、物联网、AI 算法、实景三维数字孪生等技术,构建全国城市网格空域数据模型和地理信息系统。积极运用人工智能、大数据等新一代信息技术,提高低空飞行服务系统的响应速度和各项飞行数据处理能力。

2)增强低空科技创新引领

(1)加快低空产业核心技术原始创新。聚焦固定翼飞机、固定翼/多旋翼无人机、eV-TOL 及无人直升机等整机研发,主控芯片、三电系统、中小微型发动机、机载传感器等关键零部件以及高效动力发动机系统、机载系统、飞行控制等核心系统,开展技术攻关。鼓励低空经济产业链上下游企业与高校、科研机构组建重点实验室、技术创新中心和企业技术中心等创新型研究机构,构建"基础研究 + 技术攻关 + 成果产业化"全过程创新生态链。

(2)推动低空经济产业成果孵化转化。支持建设重点实验室、技术创新中心、制造业创新中心、产业创新中心、工程研究中心等省级以上科技创新和公共服务平台,加强科技创新资源供给,促进科技成果转移转化。引导企业加强与高校、科研院所合作,打造低空经济科技成果孵化器、加速器,加速科技成果转移转化。定期发布低空经济前沿技术应用推广目录,建设低空经济产业成果"线上发布大厅",推动供需精准对接。

(3)着力培育行业发展领军人才。鼓励低空企业与高校在教学研究、人才培养、专业培训等方面加强协同,培养更多的低空领域专业人才。鼓励企业内部培训和人才引进,提高员工素质和能力,满足低空经济产业发展需求。引导通用航空人才市场吸引各类专业技术人才,同时积极吸纳紧缺的创新型教育、科研人才,合理利用人力资源储备,完善产业链布局。

3)推进产业化商业化应用

(1)加速构建低空经济产业体系。支持各地区根据资源禀赋、产业基础等特点,重点培育低空经济链主企业,打造各具特色的低空经济产业园区,带动电机、电池、复合材料、导航通信、零部件上下游企业集聚融合发展。建设低空飞行器检验检测与质量安全保障公共服务平台,发展空域管理规划、飞行规则制定、基础设施建设、低空产业咨询等生产性服务业。创新低空经济金融服务,扩大无人机保险覆盖范围和商业场景契合度。

(2)不断探索低空经济新模式新业态。引导具备条件的城市开通市内和城际低空客运航线,鼓励利用直升机、eVTOL等低空飞行器探索拓展空中通勤、商务出行、空中摆渡、联程接驳、跨境飞行等,推动低空飞行与轨道、机场等开展联运。围绕低空制造、物流、旅游、农业、应急救援、商贸、教育等重点领域,培育建设标杆场景。围绕群众生活和城市发展的难点、痛点、堵点,加强公共服务领域场景清单制引导,发展低空应急救援、医疗救护等公共服务以及智慧巡检等政府履职辅助性服务。

(3)优化低空经济产业发展生态。加大低空制造产业园、低空服务产业园、低空运营保障产业园培育建设力度,推动国防科技先进技术、工艺、材料等攻关成果向低空产业装备领域转化应用,推动航空航天企业积极融入低空经济产业链供应链体系。完善低空空域的管理规定,建立健全的监管机制,简化飞行计划审批流程。建立完善的事故预防和处理机制,确保低空飞行的安全性和可靠性。

4)完善低空经济发展管理体系

(1)强化低空经济规划统筹。加快制定低空经济发展规划和实施方案,明晰路线图,编制低空数字空域图,促进低空资源高效配置。优化布局低空交通网络,构建通用航空和无人机低空航路航线网络,加快形成服务省际、城际、城市、城乡的"干-支-末"低空航线网络。优化低空经济空间布局,在低空基础设施、飞行器制造、应用示范、运营服务等工作成效明显的地区,打造一批低空经济的策源地和集聚区。

(2)完善低空经济政策服务体系。加强适航审定体系和能力建设,培育和建立无人驾驶航空器综合应用测试基地和适航审定类研究机构。结合传统空管保障体系和通航飞行服务保障体系,加强无人驾驶航空器空中航行服务体系构建。根据不同空域类型及运行场景,建立分级分类的低空非管制空域服务模式。优化空域使用管理方式,针对非管制空域简化现行飞行计划申报流程。加强低空通信导航监视,提高非管制空域的通信导航监视水平。

(3)加快低空经济规范化标准化建设。加快空域分类和低空空域管理改革,健全军地民协同管理机制,积极推动优化航线飞行计划申报审批环节,加快推进飞行计划"统一窗口、一站式"办理。建立健全低空安全保障机制,提升低空空域导航、通信、监视等管理水平,形成全过程、可追溯的安全监管体系。围绕低空新基建、航空器研发制造、有人机与无人机融合飞行等领域,支持国内高校、科研机构与企业协同合作,共同参与国内外标准研究制定。构建贯穿低空装备研发设计、生产制造、试验验证、运行支持等全生命周期的工业标准体系,为低空经济有序发展保驾护航。

低空经济作为新质生产力的重要组成部分,正成为全球竞逐的战略新高地。我国凭借完善的制造业体系和庞大的应用市场,已在这一领域取得显著进展。我国低空经济的崛起得益于三大独特优势:全产业链制造能力、新型基建支撑力、超大规模市场潜力。然而,在产业高速发展的背后,基础设施滞后、技术瓶颈凸显、市场生态薄弱、管理体制掣肘等深层次矛盾亟待破解。国际经验给我们的启示是技术创新需要生态支撑,场景突破依赖制度创新,安全体系决定发展上限,破解发展困局需构建"四位一体"推进体系:基建先行,筑牢发展根基;技术攻坚,突破关键瓶颈;场景驱动,激活市场潜能;制度重构,优化治理体系。

随着低空经济"技术-场景-制度"三角支撑体系逐步完善,预计2025年我国直接产值将突破8000亿元,带动5.4万亿关联产业。到2035年,有望形成覆盖3亿城市人口的立体交通网络,创造750万高质量就业岗位,为全球城市空间革命贡献中国方案。这一进程不仅需要技术创新突破,更考验着政策设计的系统思维和产业生态的协同能力。唯有在安全底线与创新突破间找到平衡点,方能真正释放低空经济的万亿级价值空间。

## 7.2　面向低空产业链的人才培养

低空经济作为战略性新兴产业,在快速发展的同时仍面临物理基础设施滞后,通信导航、气象监测等数字底座建设滞后,感知精度差、响应速度慢,制约大规模飞行活动;核心部件如航空发动机、航电系统依赖进口,eVTOL 电池能量密度不足,主控芯片国产化率不高,关键技术自主创新能力薄弱;市场生态失衡,产业链中上游(原材料、制造)占比70%,消费端仅15%,应用场景集中于政府购买服务(如农业植保、应急救援),缺乏成熟的商业盈利模式,企业普遍依赖补贴;管理体系碎片化,缺乏全国统一空域分类标准,审批流程复杂(平均耗时72h),监管责任不明确,"多头管理"与"管理空白"并存,安全风险频发("黑飞"事件逐年增加);成本与规模化矛盾,eVTOL 单座运营成本超500元,基础设施投入高(如起降点、通信网络),但市场需求尚未激活,难以通过规模效应降本,制约商业化进程。

解决这些困境需统筹推进"基建 + 技术 + 制度 + 场景"协同发展,平衡安全与创新,避免盲目扩张导致资源浪费的同时,这就要求具有行业特色的复合应用型或应用型院校,以学科优势对接低空经济对人才的需求。如长沙理工大学作为湖南省"双一流"建设高校,以"交通强国"战略为指引,推动低空技术与传统学科的深度融合。其学科特色与低空经济具有天然的契合性,学校前身是长沙交通学院和长沙电力学院,前者曾是交通运输部直属高校,在交通运输与规划等领域积淀深厚,对低空基础设施的构建具有重要借鉴意义;后者曾是国家电力部直属高校,在电力、能源动力工程等行业具有重要影响力。学校在服务地方经济、对接国家战略需求方面具有显著优势,可在交通运输、物流,测绘、遥感、地理信息,土木、水利,能源动力、电力、通信、机械制造、材料等领域与低空经济链接,结合国家低空经济发展背景及湖南省政策支持,布局低空技术与工程类专业。低空经济作为战略性新兴产业,正推动多学科深度转型。

### 7.2.1 低空 + 测绘遥感、地理信息类专业

低空经济驱动测绘、遥感、地理信息专业深度转型,构建"需求牵引-技术驱动-产教融合"闭环培养体系。开设低空技术与工程导论课程,整合无人机架构、空域政策及产业链分析,结合智慧城市案例建立系统认知;GIS 与 AI 融合课程基于 Python 和 ArcGIS 开发智能分析系统,讲授卷积神经网络在灾害预警中的应用。技术应用模块覆盖多旋翼操控、倾斜摄影及 Pix4Dmapper 数据处理全流程,支撑国土调查与文化遗产数字化;低空遥感方向融合卫星、激光雷达与物联网构建动态监测平台。政策模块解析《无人驾驶航空器飞行管理暂行条例》,强化合规操作与空域规划,融入地理信息隐私保护与伦理教育。实践环节通过 AR/VR 虚拟沙盘模拟复杂空域管理,联合企业开展数字孪生流域建设等项目,校企共建实验室配备激光雷达设备,对接工信部认证实现"双证衔接"。

### 7.2.2 低空 + 交通运输、物流类专业

面向国家低空经济战略与智慧物流需求,培养掌握无人机物流运营、低空交通管理等核心技能的复合人才。构建三级课程体系:基础层涵盖低空经济概论与空域法规;技术层强化无人机运维、北斗导航及交通仿真;应用层开展无人机物流运营与应急配送实践。整合"双师型"教学团队,学生在京东物流等基地实训,可考取民航局执照。通过低空物流设计大赛、顺丰企业实习参与真实航线规划,联合行业协会提供"低空物流工程师"认证。开设跨学科能源系统课程,动态优化培养方向,填补运维岗位缺口,服务长沙低空经济示范区建设。

### 7.2.3 低空 + 基础设施建设类专业

响应低空机场设施新需求,以"智能建造 + 绿色化"为核心构建培养体系。课程融合BIM/GIS 技术设计通用机场、无人机起降平台及空域智能化改造方案,开设低碳材料应用与无人机施工监测技术课程。政策模块覆盖空域法规与消防规范,实践环节参与 UAM站点规划,利用无人机三维建模提升工程精度,开发数字孪生系统模拟临时起降场应急部署。建设联合实验室并开设"低空城市设计"跨学科课程,对接职业认证,定制乡村振

兴特色模块,培养懂设计、通技术、能管理的复合人才。

### 7.2.4　低空＋飞行器类专业

围绕飞行器制造、服务与检测全链条,分模块构建课程体系:

(1)制造模块:聚焦碳纤维材料、固态电池、AI避障算法与整机装配,融入5G-A通信强化安全;

(2)服务模块:覆盖直升机定检流程与充电桩运维;

(3)检测模块:集成红外热成像预测性维护技术。

必修适航认证与数据安全课程,通过数字孪生平台模拟UAM调度。实训中心配备五轴机床等设备,支持eVTOL抗干扰优化项目。对接CAAC维修执照认证,建立"专业-产业园"通道实现学习就业闭环,培养胜任制造、运维、管理的复合型人才。

### 7.2.5　低空＋能源动力类专业

聚焦动力系统研发与能源管理,核心课程覆盖固态电池、氢燃料集成、航空电机及热管理技术,结合eVTOL需求设计专题;能源网络模块教授智能电网与飞行器协同管理,政策模块强化适航标准。校企合作开展无线充电机巢部署,搭建数字孪生模型优化极端环境电池性能。实验室配备动力测试台等设备,对接"无人机动力工程师"认证,前瞻性融入量子电池与超导电机技术,培养推动低空动力系统升级的复合型人才。

### 7.2.6　低空＋计算机、通信类专业

深度融合无人机系统开发、低空通信与空域管理。

(1)课程设置:强化动态路径规划算法、5G-A/6G通信及量子导航教学;

(2)实践体系:学分占比25%以上,通过无人机调度系统开发等项目实战培养工程能力;

(3)认证机制:推行"1＋X"证书体系,融合Python编程与空域规划技能;

(4)动态响应:新增"低空通信协议"等课程适配万亿级市场人才缺口,定向培养山地物流等技术骨干。

依托实验室推进技术转化,课程嵌入数据安全伦理,构建跨学科融合、产业适配的特色培养体系。

### 7.2.7　低空＋新文科专业

以"技术赋能＋人文治理"为核心,培养政策制定与伦理治理的低空经济复合型人才。

(1)基础模块:涵盖飞行器原理与经济社会影响分析;

(2)交叉模块:整合法律实务(如适航法规争议)与智慧城市规划工具;

(3)实践创新:开展社区无人机接受度调研,利用VR模拟交通管理,增设舆情管理课程;

（4）校企协同：邀请民航专家解析政策逻辑，开发"双认证"课程；

（5）动态优化：建设法规数据库，建立弹性学分机制应对政策更新。

通过伦理辩论赛强化批判思维，推动政校共建治理实验室，解决技术落地与治理滞后痛点。

低空经济作为融合航空航天、信息技术、政策管理的交叉学科，要求学习者突破传统专业边界，构建"技术-产业-社会"三位一体认知体系的专业发展，低空类专业学习者兼具"技术深度＋产业广度＋伦理高度"，需要打破学科壁垒，推动产教融合，培育复合型人才。低空类专业依托低空经济先行政策，整合学科优势，构建七类特色方向，通过校企共建实验室、动态课程更新机制，构建"技术纵深＋政策视野"人才培养体系，以区域特色助力低空经济蓝图。

党的二十届三中全会明确"分类推进高校改革，建立科技发展、国家战略需求牵引的学科设置调整机制和人才培养模式，超常布局急需学科专业，加强基础学科、新兴学科、交叉学科建设和拔尖人才培养，着力加强创新能力培养。"面对快速变迁的产业需求，高等教育的学科专业调整建立了更敏捷的响应机制。通过设立的"战略急需专业"超常通道，简化审批流程、强化校企协同，缩短人才培养与产业需求的时间差。从低空技术与工程新专业的快速落地，体现了教育体系对国家战略的主动对接。对高校而言，关键在于构建常态化调研机制，及时捕捉行业变革信号，动态优化课程体系；随着专业设置与产业升级的联动日益紧密，这种双向适应的机制将有效缓解结构性就业矛盾，为经济社会发展提供可持续的人才支撑。高校学科专业设置调整优化工作推进会议强调，实现学科专业设置与经济社会发展需求的有效联动，创新人才培养模式，大幅提升急需领域人才培养能力；加快推进存量学科专业的迭代优化，面向科技和产业发展前沿，加大力度推动学科专业内涵更新，稳妥推进学科专业结构优化，建强高校师资队伍。

总之，低空经济作为战略性新兴产业，其发展亟需复合型人才支撑。长沙理工大学依托交通、电力等传统学科优势，创新构建"学科交叉＋产教融合＋动态适配"的人才培养体系，重点布局七大低空经济特色专业方向。在测绘遥感领域，通过"基础理论-技术应用-政策伦理"闭环课程，培养空域数字化管理人才与低空经济应用场景复合型人才；交通运输专业聚焦"低空物流＋智慧交通"，形成飞行器运维与航线规划能力的复合型人才；土木工程专业深度融合BIM与智能建造技术，赋能低空基础设施建设，培养复合型人才；机械类专业构建"制造-检测-维修"全链条培养体系，攻克飞行器检修与维护技术；能源动力专业聚焦新能源动力系统与智能电网，破解飞行器能源瓶颈，培养复合型人才；计算机通信专业强化5G/6G与量子技术应用，为筑牢低空通信安全防线输送复合型人才；新文科专业首创"技术＋治理"培养模式，输送填补政策法规与伦理治理人才缺口的复合型人才。

学校通过校企共建实验室、双师型教学团队、真实项目实训等举措，实现"专业证书＋职业资格"双认证衔接,动态对接工信部、民航局等行业标准,形成"理论纵深、技术复合、场景驱动"的培养特色,为低空经济从蓝图到实景的跨越提供人才保障和智力支持。

## 7.3 本章小结

低空经济面临基础设施滞后、技术瓶颈、市场失衡、管理碎片化等挑战,亟需复合型人才支撑。聚焦低空产业链人才培养,服务国家战略与湖南示范区建设,长沙理工大学依托交通、电力等学科优势,构建测绘遥感类融合 GIS 与 AI,培养空域数字化管理人才;交通运输类聚焦低空物流与智慧交通,强化航线规划能力;土木类以智能建造赋能起降设施建设;机械类覆盖飞行器制造-检测-维修全链条;能源类攻关新能源动力系统;计算机类筑牢 5G/6G 通信安全防线;新文科以"技术＋治理"模式填补政策伦理缺口的"学科交叉＋产教融合＋动态适配"培养体系,通过战略牵引、学科交叉、场景实践、政产教融合,培养复合人才,助力低空经济腾飞。

# 习题

## 一、选择题

1. 低空经济主要涉及的飞行高度范围是(　　　)。
   
   A. 0 ~ 300m　　　　　　　　　　　B. 300 ~ 1000m
   
   C. 1000 ~ 3000m　　　　　　　　　D. 3000m 以上

2. 下列不属于低空基础设施的是(　　　)。
   
   A. 无人机充电桩　　　　　　　　　B. 气象监测站
   
   C. 地下停车场　　　　　　　　　　D. 空域电子围栏

3. 飞行器分类中,属于非空气动力飞行器的是(　　　)。
   
   A. 直升机　　　　B. 无人机　　　　C. 火箭　　　　D. 扑翼机

4. 低空飞行安全中,"电子围栏"的作用是(　　　)。
   
   A. 防止电池爆炸　　　　　　　　　B. 限制飞行区域
   
   C. 提升通信信号　　　　　　　　　D. 记录飞行轨迹

5. 目前低空飞行器最常用的能源类型是(　　　)。
   
   A. 汽油　　　　B. 氢燃料　　　　C. 锂电池　　　　D. 太阳能

6. 低空经济赋能乡村振兴的典型应用是(　　　)。
   
   A. 空中出租车　　　　　　　　　　B. 农田喷洒无人机
   
   C. 城市物流　　　　　　　　　　　D. 航空摄影

7. 下列属于低空飞行气象风险的是(　　　)。
   
   A. 5G 信号干扰　　　　　　　　　B. 侧风超 8m/s
   
   C. 地面交通拥堵　　　　　　　　　D. 电池过热

8. 飞行区等级 1B 级机场可起降的最大起飞重量约为(　　　)。
   
   A. 500kg　　　　B. 5500kg　　　　C. 15t　　　　D. 50t

9. 低空飞行通信中,ADS-B 系统的全称是(　　　)。

A. 自动相关监视广播      B. 航空数据安全系统

C. 空中导航卫星协议      D. 先进飞行控制模块

10. 飞行执照中,操控多旋翼无人机需要的证书是(　　　)。

     A. 私用飞行员执照      B. 运动类执照

     C. 超视距驾驶员证      D. 机务维修执照

11. 低空飞行空域管理中,红色区域通常代表(　　　)。

     A. 自由飞行区      B. 限高 120m

     C. 绝对禁飞区      D. 夜间飞行区

12. 下列哪项技术可提升无人机续航能力(　　　)。

     A. 增大螺旋桨尺寸      B. 采用石墨烯电池

     C. 增加摄像头数量      D. 强化机身材料

13. 低空经济法律法规中,"目视飞行规则(VFR)"要求飞行员必须(　　　)。

     A. 全程使用自动驾驶      B. 保持对地可见性

     C. 关闭通信设备      D. 夜间开启探照灯

14. 机场分类中,A1 类通用机场的特征是(　　　)。

     A. 跑道长度超过 2000m      B. 可起降 10 座以上航空器

     C. 仅供军用飞机使用      D. 无塔台管制

15. 飞行器升力的计算公式中,与速度的关系是(　　　)。

     A. 升力与速度成正比      B. 升力与速度平方成正比

     C. 升力与速度立方成正比      D. 升力与速度无关

## 二、名词解释

1. 低空经济

2. 空联网

3. 数字孪生

4. 飞行区等级

5. 载荷因数

6. Breguet 航程公式

7. 目视助航设备

8. 航空器适航性

9. 空域动态管理

10. eVTOL

11. 飞行器失速

12. 通航机场

13. 飞行器气动弹性

14. 低空交通管理(UTM)

15. 航空伦理

### 三、判断题

1. 低空经济涉及的飞行高度范围通常指 0~1000m 空域。 （　　）
2. 所有无人机飞行都必须提前申请空域使用许可。 （　　）
3. "电子围栏"技术可完全避免无人机与其他飞行器相撞。 （　　）
4. 通用机场(如株洲芦淞机场)不能起降大型客机。 （　　）
5. 飞行器升力与空气密度成反比关系。 （　　）
6. 低空飞行通信必须依赖卫星导航系统(如 GPS)。 （　　）
7. "目视飞行规则(VFR)"允许飞行员在云层中飞行。 （　　）
8. eVTOL 不需要跑道即可起降。 （　　）
9. 无人机配送服务在农村地区无实际应用价值。 （　　）
10. 飞行器失速是指发动机停止工作导致的坠落。 （　　）
11. 低空气象监测只需关注风速和温度即可。 （　　）
12. "载荷因数"是飞行器升力与重力的比值。 （　　）
13. 所有低空飞行器驾驶员必须持有民航局颁发的执照。 （　　）
14. 通航机场的跑道长度一定短于运输机场。 （　　）
15. "数字孪生"技术可用于模拟低空飞行事故场景。 （　　）

### 四、简答题

1. 简述无人机配送服务在城市应用中可能遇到的 3 类障碍。
2. 为什么低空飞行需要特别关注气象条件?列举 2 个关键气象因素。
3. 用生活案例说明"航路网"与"设施网"的协同关系。
4. 校园内建设无人机起降点需考虑哪些安全因素?
5. 解释"低空要素数字化"对应急救援的意义。

### 五、设计题

1. 为外卖无人机设计一种防碰撞装置,画出原理图并说明工作逻辑。
2. 规划校园快递无人机航线,标注禁飞区、充电点和取货点(提供空白平面图)。
3. 设计老旧社区无人机送货接收平台,要求包含防盗、防雨和身份验证功能。

### 六、案例分析

1. 某无人机在居民区飞行时坠落砸坏汽车,分析责任方可能涉及的法律条款。
2. 某景区开通无人机观光服务后出现信号干扰事故,提出 3 条改进措施。

# 参考文献

[1] 朱克力.低空经济:新质革命与场景变革[M].北京:新华出版社,2024.

[2] 黄正中.低空经济及其应用场景[M].长沙:湖南人民出版社,2024.

[3] 任和.未来已来——我国低空经济的机遇与挑战[M].北京:科学出版社,2024.

[4] 沈映春,赵雨涵.低空经济:中国经济发展新引擎[M].北京:中信出版社,2024.

[5] 贾玉红.航空航天概论[M].5版.北京:北京航空航天大学出版社,2022.

[6] 卢娜,张亮.通用航空概论[M].北京:中国民航出版社,2021.

[7] 中国民航局.民用无人驾驶航空器运行安全管理规则[Z].2024-01-01.

[8] 国务院,中央军委.无人驾驶航空器飞行管理暂行条例[Z].2024-01-01.

[9] 中国民用航空局.低空飞行服务保障体系建设总体方案[Z].2018-09-28.

[10] 国务院,中央军委.通用航空飞行管制条例[Z].2003-05-01.

[11] 未来移动通信论坛.2025泛在安全低空数智网技术体系白皮书[R].北京:IMT2030(6G)推进组,2025.

[12] 中国移动通信集团浙江有限公司.低空智联网技术白皮书[R].杭州:中国移动研究院,2024.

[13] 张闳肆.赋能低空经济的跨域协同型数智技术体系与数字基建重大工程[J].物流技术,2025,44(1):1-12.

[14] 谢捷,陈柳钦,李雁.科技创新驱动低空经济与现代化产业体系协同发展——从技术集成到产业转型[J].企业科技与发展,2025(1):36-43.

[15] 何勇,王月影,何立文,等.低空经济政策和技术在农业农村的应用现状与前景[J].农业工程学报,2025,41(8):1-16.

[16] 孔得建,袁泽.低空经济政策法律体系的现状、经验与展望[J].北京航空航天大学学报:社会科学版,2024,37(5):85-95.

[17] 高志宏.低空经济高质量发展的法治保障研究[J].人民论坛·学术前沿,2024,(15):25-37.

[18] 沈映春.低空经济:"飞"出新赛道[J].人民论坛,2024(8):74-79.

[19] 欧阳桃花.低空经济的技术创新与场景创新[J].人民论坛·学术前沿,2024(15):36-43.

[20] 李波,黄晶益,万开方.基于深度强化学习的无人机系统应用研究综述[J].战术导弹技术,2023(1):88-95.

[21] 覃睿.再论低空经济:概念定义与构成解析[J].中国民航大学学报,2023,41(6):59-64.

[22] 潘泉,郭亚宁,吕洋,等.无人机系统自主安全:定义、建模与分级[J].中国科学:信息科学,2023,53(8):1608-1628.

[23] 雷童尧.我国低空经济发展现状、制约因素及对策建议[J].新西部,2024(5):87-90.

[24] 中国低空经济发展指数报告(2025)[R].北京:中国科学院地理科学与资源研究所,2025.

[25] 杨新湼,吴维,孟令航.民用航空概论[M].北京:人民交通出版社,2019.

[26] 赵玉秋.民航法基础知识与实务[M].北京:人民交通出版社,2019.

[27] 殷鹏,朱晨鸣,唐怀坤.低空经济数字基础设施关键技术与规划方法[M].北京:人民邮电出版社,2025.

[28] 环球智讯(厦门)低空经济研究院,河北空上航空科技有限公司.民用无人驾驶航空器操控员考试培训手册[M].北京:人民交通出版社,2025.

[29] 王庆云,毛保华.技术变革与交通发展[M].北京:人民交通出版社,2025.